Kurt Tepperwein

Nichts ist wie es scheint!

AF235625

Kurt Tepperwein

Nichts *ist*
wie es scheint!

Wie wir Missverständnisse und
andere Irrtümer durchschauen

1. Auflage 2017
© by Verlag Via Nova, Alte Landstr. 12, 36100 Petersberg
Originaltitel: „Es ist alles anders, als es scheint"

2021 © by IAW Anstalt, Vaduz
www.iadw.com

ISBN: 9-783-7543-4418-7

Die Deutsche Nationalbibliothek verzeichnet diese Publikation
in der Deutschen Nationalbibliografie; detaillierte bibliografische Daten
sind im Internet über www.dnb.de abrufbar.

Umschlaggestaltung: www.layART.li
Umschlagmotiv: ©tai11/depositphotos
Herstellung und Verlag: BoD – Books on Demand, Norderstedt
Made in Germany

Internationale Akademie der Wissenschaften (IAW) Anstalt, FL-9490 Vaduz
Tel. +423/233 12 12, Fax +423/233 12 14

Inhalt

Vorwort

„**J**eder Mensch erinnert, meint, weiß, vermutet und interpretiert anders. Wie können wir da jemals auf einen Nenner kommen, wenn die Dinge nicht auf gleiche Weise gesehen werden? Auch wenn wir über ein und dieselbe Sache reden, so reden wir stets aneinander vorbei. Auch wenn wir meinen, den anderen zu verstehen, tun wir das nicht und können es auch nicht. Wie soll das möglich sein, wenn jeder einzelne von uns seine eigene Welt im Kopf spazieren trägt und aus seinen Prägungen und Erfahrungen schöpft?"

In seinem neuesten Werk widmet sich Kurt Tepperwein einem brisanten und höchst interessanten Thema. Man sagt uns, was wir besser machen sollen. Man rät uns zur Veränderung. Man fordert uns auf, loszulassen. Das alles ist sicher nicht schlecht, doch bevor wir solchen Aufforderungen folgen können, müssen wir herausfinden, wer wir sind, was das Leben ist und was es mit dem, was wir erleben, fühlen und denken, auf sich hat.

Wer denkt, dass das Leben wirklich ist, irrt, wer denkt, dass es unwirklich ist, auch! Dies scheint ein Paradoxon zu sein. Für den Verstand trifft das durchaus zu, weil er in Entweder-oder denkt und ein Sowohl-als-auch nicht begreifen kann oder akzeptieren will. Das beginnt damit, dass wir jemanden mögen oder nicht mögen. Nur selten enthalten wir uns der Stimme. Meinungen spiegeln unser Innenleben und sagen rein gar nichts über unser Gegenüber aus. Wie wollen wir wissen, wie unser Gegenüber ist, wenn wir uns selbst nicht kennen? Ich und der andere. Ja, so nehmen wir diese Welt wahr. Doch das alles ist nicht so, wie wir es empfinden. Das Leben basiert auf einem Missverständnis, unsere Sinneswahrnehmung auch. Und genau diesen Irrtum möchte der Autor durchleuchten, da seine Erkenntnisse zu einem stabilen Fundament geworden sind, auf dem das Leben nicht mehr auf wackeligem Boden steht.

Wer loswandert und glaubt, dass sein Rucksack mit Proviant gefüllt ist, wiegt sich in Sicherheit. Öffnet er den Rucksack und er ist leer, verändert das die Situation. Wer nach Rom reisen will, sollte die Richtung wissen oder zumindest den Weg zum Bahnhof kennen. Erst dann ist eine Reise möglich. Mit der Lebensreise verhält es sich ähnlich: Die Segel können erst dann neu gesetzt werden, wenn wir das Boot kennen. Wir glauben, das Boot zu sein. Ja, der Körper ist das Boot. Wir aber sind der Ozean. Das herauszufinden ist die Lebensaufgabe, die uns allen gestellt wird, und zwar bei der Geburt. Manche hören sie nicht. Einige folgen ihrem Ruf. Jeder tut, was er kann, was aus seiner Wahrnehmung heraus möglich ist. Wer sich zu sehr in materiellen Eindrücken verirrt, vernimmt nichts. Wer die Reise nach innen antritt, hat gute Chancen, die Aufgabe zu lösen.

Diese Lebensweisheit verdient es, erforscht und gelebt zu werden. Wer sie einfach nur gut findet und mit einem „aha, ja genau" oder „schöner Satz" abspeisen will, erkennt ihre Einladung nicht. Wir sind dazu aufgerufen, wach zu sein und uns dem Leben zu stellen. Und zwar dem wahren Leben und nicht dem, was wir dafür halten. Tiefgang und Humor regen in diesem Buch zum Nachdenken an. Neue Gedankengänge bewegen unser Inneres. Das, was wir erleben, ist eine Spiegelung unseres Innenlebens. Somit macht es Sinn, Veränderungen im Inneren anzustreben und diese zuzulassen, anstatt sie im Außen zu praktizieren und Lebensumstände über den Haufen zu werfen. Veränderung beginnt im Inneren!

Warum ständig Stellung nehmen oder einen Standpunkt vertreten? Wir können mit einer Form der Beobachtung die Dinge einfach geschehen lassen, ohne uns einzumischen und ohne uns auf etwas zu beziehen. Die Dinge geschehen zu lassen ist gar nicht so schwer, und es tut gar nicht weh. Außerdem geschehen sie so oder so, wie sie geschehen. Unser Einverständnis braucht es dazu nicht. Sie sind unsere Entsprechung. Wenn wir damit beginnen, das Leben als Abenteuer zu sehen, und diesem auf den Grund gehen, werden wir entdecken, dass wir in Missverständnissen leben – dass das Leben selbst ein einziges Missverständnis ist.

Dies ist ein brandaktuelles Thema, das den Leser dort abholt, wo Missverständnisse entstehen. Ein Buch voller Erkenntnisse und bewegender Impulse für ein Leben, das sich durchaus einfacher und freudvoller gestalten lässt.

Es ist nicht das Schlimmste, missverstanden zu werden, denn so ging es berühmten Menschen wie Luther, Kopernikus, Galilei und anderen.

Vera Simon

„Das ist aber nicht weiter schlimm. Es zu wissen oder nicht zu wissen macht keinen Unterschied, es geht um die direkte Erfahrung, zu verinnerlichen, dass alles nur ein Schein sein kann. Was vergeht, erscheint, was bleibt, ist die Ewigkeit. Diese Ewigkeit ist unser Zuhause. Reisen Sie in diesem Buch in das innere ‚Himmelreich', und da es so viele Wege auf Erden wie Seelen gibt, kann Ihr Weg jetzt hier beginnen."

Was sind eigentlich Missverständnisse?

Missverständnisse entstehen nicht nur durch falsche Vorstellungen, Erwartungen oder im Gespräch, sondern alles, was wir erleben, beruht auf einem Missverständnis. Jeder Mensch kann das, was er erlebt, ja nur auf seine persönliche Art und Weise wahrnehmen. So, wie er die Dinge sieht, können sie nicht sein. Die Dinge können ja nicht die eigene, persönliche Sicht sein. Sie werden zum Interpretierten, und wir stülpen ihnen aufgrund unserer Erinnerungen und Prägungen etwas über, was mit ihnen selbst gar nichts zu tun haben kann. Wir alle erleben die Welt anders. Kann die Welt 7 Milliarden Mal anders sein? Gibt es 8 Milliarden Realitäten? Und was haben diese mit der einen Realität zu tun, die wahrhaftig ist?

Es beginnt damit, dass wir Dinge annehmen und vieles für selbstverständlich halten. Doch wie wahr kann die Welt sein, kann Leben sein, kann das, was wir erfahren, sein? Ist das Glas halb voll oder halb leer? Es ist beides, doch niemand sieht es gleich. Wenn wir durchschauen, dass unsere Wahrnehmung auf Missverständnissen beruht und aus diesen schöpft, können uns viele Probleme erspart bleiben.

A zu B: „Bring mir bitte das Buch." B bringt ein Buch.

Aber ein ganz anderes. Wie kann B wissen, was A gedacht hat?

Wenn A zu B sagt, dass er fleißig war, muss C nicht beleidigt sein, als halte man ihn nicht für fleißig. Nur weil A es zu C nicht gesagt hat, heißt das nicht, dass C faul ist.

Sich immer betroffen fühlen ist auch etwas, was Missverständnisse ausbrütet. Sich immer miteinzubeziehen ist ebenfalls etwas, was Schwierigkeiten zeugt. Jeder Augenblick ist neu. Erfahrungen haben uns gelehrt, wie gewisse Dinge sind. Doch sie sind nicht immer so. Nur weil sie früher so waren, müssen sie heute nicht auch so sein. Und sie waren früher nicht so, wie wir sie sahen, wir haben sie nur so erlebt. Es ist unser Empfinden, das über etwas entscheidet. Die Sache selbst ist völlig neutral. Unsere Bewertungen machen Dinge zu dem, was sie nicht sind. Wir glauben zu wissen, wie etwas ist, doch eigentlich wissen wir nichts. Das, was wir wissen, steht uns im Weg und verwickelt uns immer mehr in Missverständnisse.

Damit dieses Buch seinen Zweck erfüllt

Das Wissen um die Missverständnisse kann uns einiges ersparen, wie zum Beispiel:

Wenn man weiß, dass es gar keine Missverständnisse gibt, sondern wir es sind, die die Dinge missverstehen, bleibt der Frust aus. Wenn Missverständnisse erst gar nicht mehr aufkommen, können wir entspannt in den Tag gehen und jede Situation vollauf genießen.

Das Buch immer wieder zur Hand zu nehmen und dieses innere Wissen aufzufrischen, empfiehlt sich für den, der Missverständnisse endgültig aufdecken will. Es geht nicht darum, „da draußen" im Leben etwas zu entdecken, sondern seine eigenen Fehlsichten und Interpretationen aufzudecken. Wer erfolgreiche Ergebnisse erzielen will, ist dazu aufgerufen, am Ball zu bleiben und nicht in Spekulationen und Hirngespinsten steckenzubleiben. Wir haben uns unzählige Annahmen und Meinungen angeeignet. Darauf haben sich unzählige weitere aufgebaut. Eine einzige Fehlsicht zieht hunderte weitere Fehlsichten nach sich und verstärkt unsere Annahmen, die wir unbedingt in Frage stellen sollten. Sich dieser alten vorgefassten und in uns eingebrannten Anschauungen zu entledigen, verlangt Verantwortung, eine große Portion Mut und viel Geduld. Jeder Standpunkt beruht auf Missverständnissen, weil jeder Standpunkt auf eine Erfahrung aufgebaut ist, die wir individuell erlebt haben. Da wir nie ohne Meinung ins Feld gehen, sind Missverständnisse vorprogrammiert. Erst ein neutrales Wahrnehmen der Dinge ohne eine Bewertung oder ein Urteil wird uns eine neutrale Annäherung an eine Sache ermöglichen. Dies bedeutet aber nicht, dass Missverständnisse ausbleiben, denn jeder Gedanke, der auf eine Erinnerung zurückgreift, packt die Situation in ein Kleid, das sie zuvor nicht anhatte. Es bedarf einer stetigen Achtsamkeit. Die eigenen Gefühle und Gedanken sorgfältig zu beobachten und abzuwägen ist eine Voraussetzung, wenn wir Irrtümer ausschließen wollen. Da das Leben selbst auf einem Irrtum beruht, liegt es nahe, tagtäglich mit solchen konfrontiert zu werden. Suche den Fehler nicht bei anderen oder in Situationen, sondern schaue stets auf dich. Dies zeugt von Größe und menschlicher Stärke. Wer die Schuld ständig auf andere oder anderes schiebt, ist schwach. Gehöre zu den Starken und setze ein Zeichen, ein Zeichen für eine friedvolle Welt, in der Klarheit herrscht und das Verständnis für die Mitgeschöpfe überwiegt.

> Niemand würde viel sprechen, wenn er sich bewusst wäre,
> wie oft er die andern missversteht.
>
> JOHANN WOLFGANG VON GOETHE

Schaf nachgedacht

Wir leben in einer turbulenten Zeit. Religionen werden weltweit als Ideen falscher und überholter Vorstellungen durchschaut. Während Menschen dabei sind, diese Vorstellungen hinter sich zu lassen und sich für eine neue Sicht zu öffnen, stellen sie fest, dass jeder Versuch, aus alten Gewohnheiten auszusteigen, neue unüberwindbare Grenzen hervorbringt. So enden sie eher in Hoffnungslosigkeit und Verzweiflung, anstatt eine befreiende Wandlung zu erfahren.

Nun stellt sich die Frage, was wir tatsächlich tun können, um ein zufriedeneres Leben zu führen. Wer wünscht es sich nicht, ein besseres Leben – doch muss das Leben unbedingt besser oder anders sein? Und wann genau ist es gut? Was macht es besser? Wäre ein „besseres Leben" nicht auch nur eine Idee, eine Vorstellung von etwas, das in Wirklichkeit gar nicht so ist, wie wir es erfahren?

Das Leben ist kein Wunschkonzert. Das wissen wir inzwischen alle. Wer sagt, dass das Leben gut ist, wenn es unseren Vorstellungen entspricht? Das Leben mag vielleicht nicht gerade unseren Vorstellungen entsprechen, aber mit Sicherheit entspricht es uns. Es entspricht unserem Sosein.

Es ist Form unseres Ausdrucks, eine Spiegelung unseres Innenlebens. So wie das Leben sich zeigt, entspricht es uns zu hundert Prozent. Das Leben setzt sich aus uns zusammen. Wir sind das Leben. Das Leben ist ein gebündelter Gedankenhaufen, den wir täglich neu aufladen und nähren. Sind wir uns dessen bewusst?

Schöner soll es sein. Einfacher. Leichter. Bunter. Grau in Grau ist zwar modern, aber im Leben unerwünscht. Wenn wir allem, was uns begegnet und widerfährt, mit Gelassenheit begegnen könnten, wäre das Leben leichter. Doch dazu fehlt es uns an Gleichmut und Geduld. Gelassen und geduldig sein sind wunderbare Eigenschaften, doch sind sie auch zeitgemäß? Lassen sie sich in die heutige Lebensform integrieren, die mehr zur Hetzjagd als zur Wohlfühloase geworden ist? Was können wir wirklich dazu beitragen, um aus dem Kreislauf von Werden und Vergehen auszusteigen? Was können wir tun, um das Hamsterrad zu verlassen? Was ist not-wendig, um ein wenig von der wahren Freiheit zu schnuppern?

Freiheit. Liebe. Glück. Große Worte, von deren wahrer Bedeutung wir nur wenig wissen, geschweige denn sie bisher erleben durften. Unser Fassungsvermögen ist nicht so genial, wie wir denken. Vor allem ist es eines nicht: wahrhaftig. Außerdem ist es sehr begrenzt und geht nicht über das Denken hinaus. Es ist auf sich selbst gestellt, schöpft aus sich selbst und bleibt somit in einem sehr begrenzten Raum der Enge und Undurchsichtigkeit stecken.

20

Das Leben ist ein Rätsel. Fragen über Fragen, die niemand beantworten kann. Fragen, die sich nicht beantworten lassen! Und das ist gut. Vieles ist unklar. Unfassbar viel. Wie können wir mit unserem kleinen Gehirn überhaupt etwas erfassen, was sich nicht denken lässt? Ohne Zweifel, das Gehirn leistet Großes, doch wird es weiterhin ein unerforschtes Mysterium bleiben. Was auch immer die Wissenschaft herausfinden mag, Fakt ist, unser Verstand kann nur innerhalb seines Wirkfeldes funktionieren. So wie eine ausgestreckte Hand eines Menschen ohne Hilfsmittel keine Dachrinne säubern kann, so wird der Verstand niemals seinen Ursprung erfassen können. Auch wenn wir mit Hilfe des Gehirns denken, die unsichtbare Quelle, die Denken überhaupt erst ermöglicht, kann nicht gedacht werden. Das Gehirn besitzt keine Eigenständigkeit und wird nach unserem Ableben sicher nicht weiterbestehen. Also ist es von etwas abhängig, das es funktionieren lässt. Klingt logisch, nicht?

Da das Gehirn nach unserem Tod bekannterweise seine Funktion verliert, muss es etwas anderes sein, das uns denken lässt. Etwas, was dem Kopf Bilder einhaucht. Etwas, das uns Leben schenkt. Etwas, das uns handeln lässt. Etwas, das Atmung ermöglicht, womit wir überhaupt erst in der Lage sind, einen Fuß vor den anderen zu setzen. Was ist *dieses Etwas?*

Wir bauen auf unsere Gedanken, verlassen uns auf sie! Schon komisch, wo wir doch nicht einmal wissen, was Gedanken sind und wer sie überhaupt denkt? Was haben sie mit uns zu tun? Und was wir mit ihnen?

21

Okay, Gedanken definieren sich über das Gehirn. Wenn sie im Kopf stattfinden sollen, wie kommen sie in den Kopf hinein beziehungsweise wo sind sie, bevor sie von uns wahrgenommen werden? Was denkt uns? Können Gedanken das sein, wofür wir sie halten?

Es macht durchaus Sinn, alle Abläufe und Vorgänge des Lebens sowie unsere Körperfunktionen zu hinterfragen. Einfach hinzunehmen, dass wir denken, dass der Körper schläft, dass er geboren wird und stirbt, zeugt von geistigem Desinteresse und hoher Ignoranz. Wir kümmern uns um so viel und wissen gerne immer mehr als die anderen. Aber Grundlegendes wissen wir nicht, nämlich was wir wirklich sind und was es mit diesem großen Unbekannten auf sich hat. Was sind Gedanken wirklich? Was sind Gefühle? Gehören sie uns? Was animiert uns dazu, Dinge zu tun?

Alle Sinnesfunktionen als gegeben hinzunehmen, ohne zu wissen, was für eine gigantische Kraft dies überhaupt erst ermöglicht, ist schon etwas bedenklich. Warum? Wenn man bedenkt, dass der Mensch sich im Alltag nur auf Erinnerungen, Meinungen, angelerntes Wissen, Vermutungen und Interpretationen stützt, ist es völlig normal, dass das Leben ein einziges Missverständnis sein muss. Von der Erinnerung bis hin zur Interpretation, das alles sind Hirngespinste. Sie sind keine guten Ratgeber. Trotzdem stützen wir uns auf sie. Wir verlassen uns darauf und vertrauen auf das, was in unserem Kopf hörbar wird, anstatt darüber hinauszugehen. Wie soll das, was unser Kopf sagt, zu einem harmonischen Alltagsleben führen? Es ist bloß eine Ansammlung von Erinnertem und Gewusstem, die immer nur begrenzt sein kann. Bleiben wir nicht am Tellerrand stehen, sondern wagen wir uns darüber hinaus. Es tut nicht weh. Es ist auch nicht schwierig, doch niemand sagt, dass es einfach ist. Wir sollten es einfach tun. Trauen wir uns!

Mit etwas Mut und einer Portion Vertrauen wird es gelingen. Es gibt einen Ratgeber in uns, der keine Begrenzungen kennt und weiß, was für uns gut ist und stimmt. Nach diesem Ratgeber sollten wir Ausschau halten, wenn wir nicht in Problemen steckenbleiben wollen.

Die Fragen bleiben. Mit Antworten könnte man sein Leben endlich in andere Bahnen lenken, so hofft man. Antworten bringen aber keine Lösung. Sie werfen weitere Fragen auf. Solange man auf Antworten baut, werden neue Fragen den Weg versperren. Es sind Hürden, die eines Tages fast unüberwindbar sein werden. Sich Fragen zu stellen ist gut. Nur sollte man das still tun. Wer Fragen in sich hinein stellt, wird zur gegebenen Zeit die Antwort in Form einer Begegnung, eines Geistesblitzes, eines Ereignisses oder eben auch eines nicht eintretenden Ereignisses bekommen.

Das Leben meint es gut mit uns, und die Welt ist in Ordnung. Wer das nicht so empfindet, dessen Welt ist aus dem Ruder gelaufen, weil er das Ruder an den Verstand abgegeben hat, anstatt auf seine Intuition zu horchen.

Unzufriedenheit, Ängste, Hilflosigkeit und Stagnation entstehen aus Missverständnissen. Wir glauben und wissen viel, doch Geglaubtes und Gewusstes sind Missverständnisse, die auf Missverständnissen beruhen und zu weiteren Missverständnissen führen. Und hier geht es nicht um Missverständnisse, die durch Gespräche oder unterschiedliche Sprachen entstehen. Es geht darum, dass all das, was uns umgibt, missverstanden, also beliebig interpretiert und gesehen wird. Wir glauben, die Welt ist eine Kugel. Stimmt das? Hat uns die Welt das gesagt? Gibt es Beweise, und wenn ja, woher kommt die Information?

Abgesehen von der Beschaffenheit der Welt, was ist die Welt? Woraus setzt sie sich zusammen? Warum heißt sie so? Wer hat sie benannt? Wir können über die Welt nachdenken und sehen sie immer nur so, wie wir sie interpretieren. Aber die Welt ist doch keine Interpretation. Oder doch? All diese spekulativen Annahmen über irgendetwas sind nichts weiter als Gedanken. Denken geschieht in unserem Kopf und nicht außerhalb. Wo also ist diese Welt, die wir scheinbar kennen?

Ist es denn so schlimm, missverstanden zu werden? Pythagoras und Sokrates wurden missverstanden, Jesus Christus, Luther, Kopernikus, Galilei und Newton und jeder reine und weise Geist, der auf Erden Fleisch geworden ist.

Ralph Waldo Emerson

„Jeder Mensch erinnert, meint, weiß, vermutet und interpretiert anders. Wie können wir da jemals auf einen Nenner kommen, wenn die Dinge nicht auf gleiche Weise gesehen werden? Auch wenn wir über ein und dieselbe Sache reden, so reden wir stets aneinander vorbei. Auch wenn wir meinen, den anderen zu verstehen, tun wir es nicht und können es auch nicht. Wie soll das möglich sein, wenn jeder einzelne von uns seine eigene Welt im Kopf spazieren trägt und aus seinen Prägungen und Erfahrungen schöpft?"

Missverstandener Sachverstand ist oft Gegenstand von Aufstand und führt unter Umstand zu Notstand und Abstand.

Ursula Schachschneider

Das Wissen

Unser Glaube: Die Dinge sind so, wie wir sie wahrnehmen und erleben

Missverständnisse beruhen auf dem Gewussten und dem Wissenden selbst. Die ersten Missverständnisse, die ich dem Überbegriff Wissen untergeordnet habe, lassen sich nicht strikt voneinander trennen. Manche Aspekte greifen ineinander, und die daraus entstehenden Überschneidungen und Analogien sind wie fruchtbare Samen. Sie gedeihen, wenn du sie gießt, oder bleiben einfach nur liegen. Ihr Wasser ist deine Aufmerksamkeit, deine Achtsamkeit und deine innere Neugier. Gegossen, werden sie im Herzen erblühen. Ignorierst du sie oder versuchst du sie zu verstehen, werden sie in deiner Erinnerung steckenbleiben. Wer mit dem Herzen liest, kann alle Missverständnisse aufdecken und sie innerlich erfassen. Gib Widerständen und einem Warum und Aber keinen Raum zur Entfaltung, sondern öffne einen neuen Raum, der für all das offen ist, was dir dabei hilft, dich selbst zu entdecken.

Dass das Leben samt all seinen Inhalten so ist, wie wir es erleben, setzen wir voraus. Das glauben wir, auch wenn es offensichtlich anders ist. Für viele ist es nicht offensichtlich, weil sie noch nicht darüber nachgedacht haben. Sie sind in ihr Alltagsleben mit all seinen Formen und Bildern verstrickt. Vereinnahmt von dieser bunten, schrillen und lauten Welt, bleibt nur wenig Platz für Tiefgang. Dass die Dinge so sind, wie wir sie sehen, kann nicht sein, sonst müsste alles, was existiert, 7 Milliarden unterschiedliche Bedeutungen haben. Das scheint mir schon etwas viel.

Wie soll das Gesehene unserer Sicht entsprechen? Das Gesehene wird zu dem, was es nicht ist, weil es in Bezug zu uns steht. Jeder Bezug ist eine Verknüpfung. Somit steht das Gesehene nicht mehr für sich. Es verliert seine Eigenständigkeit. Ist es überhaupt etwas Eigenständiges? War es das jemals? Kann es ohne uns existieren?

Wagen wir einen Versuch: Wenn wir die Augen schließen, gibt es keinen Beweis mehr für das Gesehene, außer wir riechen, tasten oder hören es. Verzichten wir ganz auf Sinneswahrnehmungen, ist es für den Verstand zwar noch anwesend, aber es gibt keinen Beweis mehr für seine Existenz. Es ist wie mit der Vergangenheit und der Zukunft. Sie existieren nur in Gedanken. Wo sonst sollen sie sein? Aber darauf wollen wir später noch einmal zurückkommen.

Vorerst zurück zu all den Dingen, die wir sehen. Wir füllen die Dinge mit unserer Wahrnehmung und machen sie zu dem, was sie nicht sind, nie sein können und niemals waren. Im Missverständnis namens Leben leben viele miteinander, die sich missverstehen. Eigentlich alle. Von den wenigen Ausnahmen, die ich vermute, sind mir nur zwei begegnet. Vielleicht ist auch das – nämlich wie ich diese Personen wahrgenommen habe – nichts weiter als ein Missverständnis.

Wir reden ständig aneinander vorbei, meinen ständig etwas anderes, machen uns ein Bild von unserem Gegenüber. Wir glauben zu wissen, wie jemand ist, wenn wir mit ihm oder über ihn reden. Wir streiten und hassen aufgrund von Missverständnissen. Wir klagen an und werfen mit Anschuldigungen um uns, die so scharf sind, dass sie als Rasierklingen durchgehen könnten.

Missverständnisse stehen auf der Tagesordnung. Es vergeht kein Tag, an dem wir uns nicht missverstehen oder einem Missverständnis auf den Leim gegangen sind. Ist das schlimm? Keineswegs! Wir brauchen nur zu akzeptieren, dass das Leben ein einziges Missverständnis ist. Und wir sollten unseren grundlegenden Denkfehler erkennen: zu meinen, *dass ein anderer so ist, wie ich über ihn denke,* oder *dass er so denkt, wie ich denke.* Wenn wir das verstehen, wird sich uns eine neue Sicht eröffnen. Dann gibt es nämlich keinen Grund mehr, böse oder nachtragend zu sein, laut zu werden oder jemanden zu kritisieren. Jeder ist so, wie er ist, ganz gleich, wie wir uns über ihn äußern oder welche Gedanken wir uns über ihn zurechtgelegt haben. Jeder ist, wie er ist!

„Ich bin, wie ich bin. Wäre ich anders, wäre ich nicht ich." Wir müssen einander nicht verstehen. Wenn uns erst be-

wusst ist, dass wir einander nicht verstehen können, können wir den anderen so lassen, wie er ist, und von unserer Kritik ablassen.

Warum gibt es so viele zwischenmenschliche Probleme? Diese Frage ist ganz einfach zu beantworten. Weil jeder den anderen anders haben will. Weil jeder möchte, dass der andere gleich handelt, denkt und tickt wie er. Abgesehen davon, dass das nicht möglich ist, ist es doch absurd, das „Anderssein" zu kritisieren. Menschen müssen sich unterscheiden, sonst würde ja ein einziger ausreichen. Wenn wir das verstanden haben, versuchen wir auch nicht mehr, den anderen zu verändern oder zu verstehen. Dann haben wir verstanden, dass es nichts zu verändern oder zu verstehen gibt, und Nachsicht stellt sich ein. Diese Nachsicht ist eine wunderbare Tugend. Es ist eine Einsicht, die uns milde stimmt und uns nicht mehr erlaubt, aufbrausend zu sein.

In jedem Wort verstecken sich Missverständnisse. Gedanken und die daraus resultierenden Worte sind der Ursprung von Missverständnissen. Wie auch immer ein Wort ausgelegt oder verstanden wird – auch wenn es als verletzend oder schmeichelnd empfunden werden kann – , es ist und bleibt bedeutungslos. Wir sind es, die den Dingen die Bedeutung geben. Alles hat immer nur die Bedeutung, die man ihm gibt. Daran sollten wir uns stets erinnern. *Ein Wort ist eine leere Hülse. Jeder Mensch ist selbst für das verantwortlich, womit er sie* füllt.

Wie oft hört man den Satz: Ich habe ein Problem mit dem, mit diesem, mit jenem … Nun wird sofort über das gesprochen, womit man das Problem hat. Eigentlich ist es ja eine

Projektion und kein Problem. Eine Aufgabe. Wenn ich es bin, der ein Problem hat, dann kann ich ja meine Sicht ändern. Ich kann damit beginnen, die Umstände, den anderen oder was auch immer zu akzeptieren. Niemand zwingt mich dazu, es abzulehnen. Mein Ego bäumt sich auf, weil es einen Widerstand spürt. Das Ego will sich natürlich durchsetzen, sonst wäre es nicht das Ego. Egon wäre vielleicht bereit nachzugeben, das Ego nicht. Das ist seine Passion, sein Antrieb und Wesen.

Er oder es müssen nicht anders sein. Nichts auf der Welt ist dazu da, um mir zu gefallen. Außerdem entspricht es mir sowieso, sonst wäre es nicht hier. Es entspricht meinem Sosein. Was lernen wir daraus? Wenn ich ein Problem mit einem langsamen Autofahrer habe, dann kann ich mich doch einfach in Geduld üben. So einfach ist das. Und wo ist das Problem? Es liegt sicher nicht am Autofahrer, aber an der Widerspenstigkeit des Egos. Es möchte sich nicht beugen. Wenn ich weiterhin will, dass das Auto vor mir schneller fährt, habe ich tatsächlich ein Problem. Eines, das *ich* selbst erschaffen habe, und eines, das *ich* nicht loslassen will. Da der andere meinen Vorstellungen nicht entsprechen muss und es ja nicht rein zufällig passiert, sollte ich etwas genauer hinsehen und die Erfahrung dankbar annehmen. So werden Probleme gelöst. Nicht indem man die Umstände ändert, sondern indem man seine Sicht dazu erneuert. Und wenn es gelingt? Dann gibt es eine Belohnung. Ich habe mich in Geduld geübt und mein Ego besänftigt. Wenn das kein Grund ist, dem Leben Danke zu sagen. Danke, Leben. Danke, Autofahrer. Danke.

Schaf nachgedacht:

Jemand namens Heinrich sagt zu dir, dass man den Flüchtlingen nicht trauen kann oder dass die Menschen aus dem Ostblock eigenartig sind. Wie schnell ist man mittendrin im Bewerten und redet dem anderen nach dem Mund, ohne darüber nachzudenken, was er eigentlich gesagt, geschweige denn, was man selbst ausgesprochen hat. Heinrich hat vielleicht eine negative Erfahrung mit einem oder mehreren Menschen aus Polen gemacht. Doch macht das alle Polen schlecht? Ist es nicht nur die Erfahrung von Heinrich? Was hat seine Erfahrung und seine Sicht mit den Polen zu tun? Ja, du hast es richtig erraten: nichts! Wie oft lesen wir in der Zeitung über einen Anschlag, einen Überfall oder Mord. Wer macht so etwas? Natürlich die Ausländer. Ein Albaner! Es sind immer dieselben. Diese Eindrücke graben sich tief in unser Gedächtnis ein, und jedes Mal, wenn wir eine Hiobs-Botschaft vernehmen, steigt der Albaner wieder in der Erinnerung auf. Aber diesmal war es ein Deutscher!?

Nun gut. Diesmal. Eine Ausnahme. In der Regel sind es ja die anderen. Dieses Denken ist Gift für unsere Seele. Wir werfen alles in einen Topf und verwehren uns so, Menschen unvoreingenommen gegenüberzutreten. Mit diesen Gedanken schaden wir uns selbst. Ein Gedanke kann fruchtbar oder giftig sein. Ein Gedanke ist wie ein Bumerang. Er kommt in einer anderen Form zu uns zurück. Ob die Form als gut oder schlecht wahrgenommen wird, entscheidet die Saat. Säe nichts aus, was lieblos ist. Es tut dir nicht gut.

Welche Missverständnisse fallen mir dazu spontan ein?

_____

_____

_____

_____

_____

_____

_____

_____

_____

_____

Meine Einsichten und Erkenntnisse:

_____

_____

_____

_____

_____

_____

_____

_____

_____

Warum das Leben mit all seinen Inhalten nie so sein kann, wie wir glauben? Weil das Leben kein Glaube ist. Die komplette Existenz aller Dinge muss erforscht werden. Der Körper, das Leben, die Welt … all das sollte in Frage gestellt werden. Alle anderen Fragen sind sinnlos. Solange man glaubt, durch Antworten etwas verändern zu können, bleibt alles gleich. Eine Änderung beginnt im Inneren, und das Leben wird ihr folgen.

Meine Gedanken dazu:

_____

_____

_____

_____

_____

_____

_____

_____

_____

WISSEN
Missverständnis Nr. 1 betrifft die Annahme, dass die Dinge so sind, wie wir sie wahrnehmen und erleben.

Einsicht:
Meine Meinung ist sehr begrenzt. Begrenztes erzeugt Kummer und Leid.

Erkenntnis:
Meine Erfahrungen und Gedanken machen das, was ich erlebe, zu dem, was es nicht ist.

Entdecke:
Alles ist, wie es ist, aber nur zum Schein.
Das Leben *ist* nicht, es ist eine Erscheinung.

ER-Lösung:
Ich beginne damit, das Leben in Frage zu stellen und nicht die Dinge, die in ihm erscheinen.

Affirmation/Lebensleitsatz:
Ich beginne jetzt damit, die Welt mit dem Herzen zu sehen,
und weise jegliche Gedanken zurück.
Was auch immer ich erlebe, es ist meine Entsprechung,
der ich keine Eigenschaft zuweise.
Ich schenke allem, was mir begegnet, ein nicht interpretiertes Hiersein.
Ich lasse es frei.

Was ich ab sofort anders machen werde:

_____

_____

_____

_____

_____

_____

_____

_____

_____

_____

_____

_____

_____

_____

Wenn Sie mich unbedingt missverstehen wollen,
dann dürfen Sie auch getrost beleidigt sein!

THOMAS S. LUTTER

2. Der berühmte „*Ich weiß*"-Satz

Ich weiß. Wie oft hast du das schon gesagt? Und wie oft gedacht? Vielleicht kennst du das auch, dass es dich ab und an schon mal nervt, „ich weiß" zu sagen. Es stellt sich die Frage, warum das Leben uns durch Situationen und Begegnungen ständig mit Dingen konfrontiert, die wir ohnehin schon alle wissen. Vielleicht weil wir es bisher noch nicht verstanden haben? Etwas missverstanden haben?

Vielleicht haben wir auch nicht verstanden, dass Wissen uns nicht viel nützt. Wer sowieso schon alles weiß, braucht auch keine Hilfe. Er weiß zwar alles, weiß sich aber nicht selbst zu helfen. Liegt das vielleicht daran, dass wir gar nicht in der Lage sind, unser Leben gezielt zu verändern? Wir erhoffen uns Antworten auf unsere Fragen. Wieso? Weil wir glauben, dass wir mit den Antworten etwas anfangen können. So hoffen wir Lebensumstände zu verbessern und alles zurechtrücken zu können. Welche Lösung auch immer wir aushecken, es wird nichts geschehen, solange sich das vermeintliche Problem nicht in unserem Inneren harmonisiert. Denn die Basis für das äußere Problem liegt in uns.

Du weißt nichts. Mir geht es so wie dir. Also wissen wir beide nichts. Wir glauben viel zu wissen, aber dieses Wissen ist nicht wirklich von Wert. Es hilft uns zwar, unser Leben zu meistern, doch wenn es um Wesentliches geht, ist es vollkommen nutzlos. Was das Wesentliche ist, müssen wir wohl noch herausfinden. Dazu sind wir hier.

Natürlich hat sich enorm viel Kopfwissen in jedem von uns angesammelt. Über die Jahre ist es zu einer Mauer mutiert, die täglich höher wird und uns erfolgreich von uns selbst abschottet. In unseren Herzen ist es kühl geworden, und ein gewisses Abstumpfen lässt sich nicht verleugnen. Jeder ist um sich mehr besorgt als um das, was ihn umgibt. Wir sind mit uns selbst beschäftigt. Ein enormer Druck lastet auf uns, und es ist nicht einfach, das Leben zu bewerkstelligen. Es scheint immer höhere Ansprüche an uns zu stellen, denen viele von uns schon lange nicht mehr gewachsen sind.

Herkömmliches Wissen ist begrenzt und stützt sich auf Fakten. Doch es gibt einen Raum, in dem Fakten nicht zählen. Diesen Raum können wir in uns entdecken. Dort musst du nichts wissen, weil du erkennst, dass das Leben seine eigene Dynamik hat und ganz ohne dein Zutun eine gewisse Richtung verfolgt. Viele Menschen haben Angst davor, wenig, geschweige denn nichts zu wissen. Aber wie schön ist es, der Nichtwissende zu sein. Es wird still im Kopf, und der andere darf ruhig etwas mehr oder auch *vor dir* etwas wissen. Was spricht dagegen?

Das Ego will sein Wissen natürlich aussprechen und sich damit brüsten, wie gut es ist. Am liebsten würde es sich auf ein Podest stellen und rufen: Seht her, was ich alles weiß!

Wer seinem Wissen freien Lauf lässt, indem er es unkontrolliert heraussprudeln lässt, ist nicht besonders wissend.

Man könnte sogar sagen, dass er damit Umweltverschmutzung praktiziert. Diese beginnt im Gedanken und äußert sich über das Wort. Es gibt so viele Dinge, die wir gar nicht aussprechen sollten. Wozu auch. Vielleicht hören wir einmal hin, ohne unserem Gegenüber ständig ins Wort zu fallen. Es ist auch schön, etwas für sich zu behalten. Zu wissen, dass das eigene Wissen nicht immer wichtig und hilfreich ist, gehört zum wertvoll Gewussten. Ein enormer Mitteilungsdrang sorgt für Unausgeglichenheit und spiegelt eine gewisse Verzweiflung wider. Einfach mal nichts zu sagen ist sehr heilsam. Wenn wir das, was wir unser Wissen nennen, elegant im Raum stehen lassen und nicht immer um jeden Preis ausposaunen, geschieht etwas Wunderbares. Schenke dir mindestens einmal am Tag diese Erfahrung, du wirst dir sehr dankbar dafür sein.

Schaf nachgedacht:

Jemand, den du kennst, ist krank. Er erzählt dir voller Freude von einem wunderbaren Naturmittel, das ihm so gut geholfen hat. Du kennst das Mittel schon seit vielen Jahren. Willst du ihm die Freude nehmen, indem du sagst, dass du das schon vor fünf Jahren genommen hast? Du kannst ihm staunend zuhören und dich daran erfreuen, dass dein Schweigen eine wunderbare Atmosphäre erzeugt. Lass ihm die Freude. Du musst nicht bezeugen, dass du das längst schon kennst, und ihm damit unbewusst suggerieren, dass er aber lange gebraucht hat, es für sich zu entdecken. Das Ego möchte natürlich sagen: **ICH kenne das!** Halte dich zurück und übe dich im Nichtwissen. Wie schön es ist, im passenden Augenblick die unausgesprochenen Worte in dich zurückfließen zu lassen. Das ist heilsam und schenkt dir ein sonderbares Wohlgefühl. Fast zu schön, um wahr zu sein.

Wir wissen vieles. Wir wissen, wie der Berg heißt, der vor unserem Küchenfenster sichtbar ist. Jemand hat ihn so benannt. Der Berg weiß nichts von einem Namen. Er bleibt davon unberührt. Auch kümmert ihn nicht, ob du ihn magst, schön findest, ignorierst oder ansiehst. Was du über ihn weißt, weiß ein anderer nicht, oder der andere weiß mehr. Das besagt, dass er mehr darüber nachgedacht hat, aber mit dem Berg selbst hat es nichts zu tun.

Ich weiß, wie der Mann von gegenüber ist. Ich habe gesehen, dass er um neun Uhr morgens im Bademantel verschlafen zum Briefkasten gegangen ist. Wer weiß, was der Mann macht! Arbeiten gehen sehe ich ihn nicht.

Was glaubst du, was dein Wissen über diesen Menschen aussagen kann? Nichts. Es gibt einen bekannten Spruch, der mir seit vielen Jahren sehr am Herzen liegt. „*Gehe hundert Schritte in den Schuhen eines anderen, wenn du ihn verstehen willst.*" Schön, sagen viele – aber sollten wir ihn nicht auch anwenden? Ihn in unser Leben hineinlassen, damit er unsere Besserwisserei und unseren Hochmut beendet und wir das Verurteilen und ständige Bewerten aufgeben?

40

Der eine ist nett, weil er nett grüßt. Der andere ist dumm, weil er dir keine Auskunft geben kann. Ein Weiterer ist dir unsympathisch, weil er dich ignoriert. Die Dame mit dem Hund sucht sicher einen Mann, deshalb ist sie so redefreudig. Du bekommst keinen Job, weil du ein Versager bist. Es schneit kaum, daran ist der Klimawandel schuld.

Denke stets daran, dass die Dinge und Menschen, die du siehst, nicht so sind, wie du denkst. Du erlebst und bekundest nichts weiter als deine Gedanken. Das Einzige, was du weißt, ist, dass du über die anderen so oder so denkst. Doch auch hier stellt sich die Frage, ob du der Denkende bist und wie viel Einfluss du auf deine Gedanken hast. Holst du Gedanken herbei oder leben sie dich? Das von dir Gesehene und Erlebte ist nicht so, wie du es siehst … es spiegelt lediglich deine Sicht. Das, was du hineininterpretierst, bist du selbst. Du kannst nur aus deiner Perspektive heraus denken, sprechen und handeln. Es sind deine Meinungen, die du ständig irgendjemandem überstülpst. Es zeigt auf, wie du denkst. Und nicht mehr. Nichts ist vor dir sicher. Kein Objekt, kein Lebewesen und sogar du selbst bist ständig deiner eigenen Interpretation ausgeliefert. Lass das Gesagte auf dich wirken und durchschaue den Irrtum, der der Mitverursacher deiner Schwierigkeiten ist.

Was du erntest, hast du gesät. Jedes Urteil ist eine faule Saat, die irgendwann aufgehen wird. Beschwere dich also nicht über gewisse Umstände, sondern beginne lieber, zurückhaltender und achtsamer zu sein.

Welche Missverständnisse fallen mir dazu spontan ein?

_____

_____

_____

_____

_____

_____

_____

_____

_____

_____

Meine Einsichten und Erkenntnisse:

_____

_____

_____

_____

_____

_____

_____

_____

_____

_____

Wenn man nichts mehr weiß, beginnt das Leben leichter zu werden. Du musst nichts wissen. Je weniger du weißt, umso weniger Hürden stehen dir im Wege. Lass das Wissen los und öffne dich der Unwissenheit. Es klingt ungewöhnlich, weil Wissen scheinbar attraktiv macht. Vielleicht ist das so, aber es macht bestimmt nicht frei.

Meine Gedanken dazu:

_____

_____

_____

_____

_____

_____

_____

_____

_____

_____

_____

_____

Missverständnis Nr. 2 betrifft *den berühmten „Ich weiß"-Satz*

Einsicht:
Mein Wissen sagt null Prozent über die Welt, jedoch
100 Prozent über mich selbst aus.

Erkenntnis:
Meine Erfahrungen und Gedanken machen das,
was ich erlebe, zu dem, was es nicht ist.

Entdecke:
Ohne Interpretationen, Meinungen und Nörgeleien
wird das Leben geschmeidiger.
So wie ich die Welt sehe, so wird sie mir begegnen.
Das andere kann immer nur so sein, wie meine
Gedanken und meine Gesinnung sind.

ER-Lösung:
Alles um mich herum darf so sein, wie es ist. So wie es
ist, ist es in Ordnung.

Affirmation/Lebensleitsatz:
Ich befreie mich von dem Zwang, mich ständig
mitzuteilen und einzumischen.
Danke, dass ich die Gedanken über etwas als
Hirngespinst durchschauen darf.
Ich lasse die Gewohnheit, mich auf etwas beziehen zu
wollen, los und begegne allem unvoreingenommen,
respektvoll und neutral.

Was ich ab sofort anders machen will:

_____
_____
_____
_____
_____
_____
_____
_____
_____
_____
_____

Was wäre aus dem Menschengeschlecht geworden,
wenn es nie Missverständnisse gegeben hätte?

ELMAR SCHENKEL

3. Wir glauben zu wissen, wie wir selbst sind

Und es geht direkt mit dem Wissen weiter. Ich weiß, wie andere sind! Ich weiß, was ich bin. So sehen die Menschen die Welt. Weil sie nicht darüber nachdenken? Weil sie alles für wahr halten, was sie über ihre Sinne erfahren? Wir glauben die Menschen um uns herum zu kennen. Das ist ein romantischer Gedanke, aber auch er kann nur ein Missverständnis sein. Wie wollen wir jemanden kennen, wenn wir uns nicht einmal selbst kennen. Das, was wir über uns wissen, sind Annahmen. Wie sehen uns die anderen? Wie werden wir wahrgenommen? Diese Sicht haben wir als unsere eigene übernommen und glauben deshalb so oder so zu sein. Das sind aber nichts weiter als Eigenschaften, die wir uns beigefügt haben. Sie haben mit uns rein gar nichts zu tun. Wie kann ein Mensch die Sicht eines anderen sein? Wie können wir das sein, was wir über uns denken? Sind wir Gedanken?

Wir haben uns jahrelang vieles antrainiert. Dazu gehört auch die Meinung, die wir über uns selbst haben. Das sogenannte Selbstbild ist aber nur ein Bild. Wie der Name schon besagt, es steht nur für unsere Sicht. Wenn du eine Pflanze als schön bezeichnest, muss sie nicht für jeden so sein. Dein Gedanke zu dieser Pflanze war der Begriff „schön", dein Gefühl dazu angenehm. Die Pflanze hat in dir eine Reaktion hervorgerufen. Es ist deine Reaktion. Auch wenn die Blume diese Reaktion in dir ausgelöst hat, so hat weder dein Gefühl noch dein Gedanke etwas mit der Pflanze zu tun. Indem du Bezug genommen hast, konnte das passieren. Wärst du an der Pflanze vorbeigelaufen, ohne sie zu beachten, wäre nichts passiert.

Du findest, dass dein Partner zu wenig Einfühlungsvermögen und keinen Geschmack hat. Etwas, was dich begeistert, lässt ihn völlig kalt. Liegst du mit deiner Aussage richtig, nur weil er die Dinge anders sieht? Wenn er die Dinge nicht genauso sieht wie du, bedeutet das, dass er sie anders sieht. Anders ist aber nicht gleich falsch. „Fehlendes Einfühlungsvermögen" und „wenig Geschmack" – das ist deine Interpretation. Das denkst du. Es sind deine Gedanken. Wer sagt, dass dein Geschmack gut ist? Du? Wer noch? Auch das, was du über dich denkst, ist nichts weiter als ein Gedanke. Wir glauben unsere Familie und Freunde, unsere Partner und Kinder zu kennen. Wir sollten uns eingestehen, dass wir niemanden kennen, weder andere noch uns selbst. Wir kennen nur die Gedanken, die wir uns über andere und über uns selbst machen. Wir können nie etwas wirklich kennen. Das ist ein Ansatz, über den du gerne nachdenken kannst.

Du heißt Heike. Seit jeher kommst du zu spät zu Terminen. Alle wissen, dass du unpünktlich bist. So denkst du auch von dir: *„Ich bin unpünktlich"*. Du weißt es schließlich. Über Jahre hinweg prägt sich das in dich ein. Jahre später verabredest du dich mit jemandem und sagst zu ihm: *„Verzeih mir bitte, falls ich zu spät komme, aber ich bin ein*

47

unpünktlicher Mensch." Mit dieser Aussage oder solchen Gedanken ätzt sich das jedes Mal tiefer in dich ein. So bist du zu einem unpünktlichen Menschen geworden. Doch das ist nur ein Bild, das du einzementiert hast und von dem du dich befreien kannst. Es mag sein, dass du früher oft zu spät gekommen bist. Deswegen bist du noch lange kein unpünktlicher Mensch. Oder gehört dir die Unpünktlichkeit? Hast du sie gepachtet? Es ist eine Eigenschaft, die dich eine Zeitlang begleitet hat. Du hast diese Eigenschaft auf dich bezogen und sie am Leben erhalten. Jetzt kannst du dich von ihr verabschieden. Und zwar genau jetzt.

Denke nicht mehr, dass du unpünktlich bist. Damit verstärkst du dieses Bild. Löse es auf, indem du sagst, dass du ab jetzt pünktlich bist. Und wenn du wirklich einmal zu spät kommen solltest, verurteile es nicht. Nimm dir vor, es das nächste Mal besser zu machen, aber dichte dir keine Eigenschaft an. Eine Eigenschaft gehört dir nicht, und du bist auch nicht die Eigenschaft.

Es ist wie ein dunkler Fleck, wie ein Schatten, der dich verfolgt. Beachte ihn nicht. Wenn dich jemand als unpünktliche Person erwähnt, sag ihm, das war die alte Heike. Die gibt es nicht mehr. Die neue Heike ist die Pünktlichkeit in Person. Und wenn du dich das nächste Mal verabredest, denke erst gar nicht daran, zu spät zu kommen. Lass dich nicht beirren und mach dich nicht zu etwas, was du nicht bist. Aussagen wie *„Hoffentlich komme ich nicht zu spät"* oder *„Ich bin unpünktlich"* nähren den Schatten, der ja nicht wachsen, sondern schrumpfen soll. Vergiss nie, dass es deine Gedanken sind, die dich zu etwas machen oder dich verschonen. Wenn du nämlich nicht denkst, dass du unpünktlich bist, ist da nichts. Erst wenn du denkst, kann Unpünktlichkeit entstehen. Beobachte deine Gedanken und sei achtsam. Dann wird das Wort Unpünktlichkeit keinen Platz mehr in deinem Leben finden.

Schaf nachgedacht:

Wo ist denn deine angenommene Unpünktlichkeit, wenn du nicht an sie denkst? Ausgegangen? Krank? Auf dem Mars? Auf dem Mond? Gestorben? Ich kann sie nicht sehen. Ich denke, dass sie niemals geboren ist.

Welche Missverständnisse fallen mir dazu spontan ein?

_____

_____

_____

_____

_____

_____

_____

_____

_____

_____

Meine Einsichten und Erkenntnisse:

_____

_____

_____

_____

_____

_____

_____

_____

Du musst nichts sein, weder etwas Besonderes noch irgendetwas anderes. Sei einfach so, wie du bist. Jeder will etwas Besonderes sein. Warum ist das so? Finde heraus, warum du etwas Besonderes sein möchtest, und du wirst sehen, du kannst ganz gut ohne diesen Kram leben, der ohnehin nur in deiner Vorstellung existiert. Zum Glück braucht es nichts. Das, was du dir ersehnst, bist du bereits. Und das ist wesentlich wertvoller und größer als all die Besonderheiten auf dieser Welt.

Meine Gedanken dazu:

_____

_____

_____

_____

_____

_____

_____

Missverständnis Nr. 3 betrifft *den Irrglauben, zu wissen, wie man selbst ist*

Einsicht:
Wie ich mich und die Welt sehe und erlebe, ist nur eine
Vorstellung.

Erkenntnis:
Es ist meine Sicht und meine WAHR-nehmung, die über
das Gesehene entscheidet.

Entdecke:
Das, was ich sehe, kann nicht unabhängig von mir
existieren.
Ich bin nicht das, was ich über mich und von mir glaube
und denke, da ich keine Interpretation bin.

ER-Lösung:
Annahmen und Vorstellungen über mich haben mit mir
nichts zu tun.
Ich bin nicht diese Person, ich bin weit mehr als das.

Affirmation/Lebensleitsatz:
Ich bin ein wundervoller Mensch. Alles, was ich für
meine Eigenschaften halte, ist nur meinem Denken
entsprungen.
Danke, dass ich das erkennen darf.

Was ich ab sofort anders machen will:

_____

_____

_____

_____

_____

_____

_____

_____

_____

_____

_____

_____

_____

_____

_____

> Alle Menschen verbringen ihr Leben hinter einer
> von ihnen selbst errichteten Mauer von Missverständnissen.
>
> SHERWOOD ANDERSON

Wünsche

4. Endlose Wünsche

Wünsche entspringen dem Wollen. Das will ich. Das will ich nicht. Das kennen wir alle. A sagt: Wünsch dir was! Alle Wünsche können in Erfüllung gehen, wenn du wirklich willst.

B sagt: Das Leben ist kein Wunschkonzert!

Und wonach kann ich mich richten? Was stimmt und was stimmt nicht? Was kann ich tun?

Wenn wir Wünsche mental beeinflussen können, stellt sich vorerst die Frage, ob das Sinn macht. Muss alles so sein, wie wir es haben wollen? Muss das Leben unseren Vorstellungen entsprechen? Natürlich kannst *du* das Leben beeinflussen, aber nicht so, wie *du* es dir denkst. Hinzu kommt, was du dir unter diesem *Du* vorstellst. Das Du sollte in Frage gestellt werden und nicht das Ausbleiben eines Wunsches!

Wenn wir etwas wollen – z. B. beschließen, eine neue Wohnung zu suchen –, scheint das unsere Entscheidung zu sein. Wir haben es ja beschlossen. Ja, wir denken es und beschließen es, *nur sind wir uns nicht bewusst, dass das vor unserem Entschluss bereits festgestanden hat.*

Ja, du hast richtig gelesen. Unser Entschluss, der dem sogenannten freien Willen obliegt, kann immer nur dem höchsten Willen folgen. Es heißt nicht umsonst: *Mensch denkt, Gott lenkt,* oder wie Schopenhauer einst sagte: Du kannst tun, was du willst: aber du kannst, in jedem gegebenen Augenblick deines Lebens, nur ein Bestimmtes wollen und schlechterdings nichts anderes als dieses Eine. Mit anderen Worten: *Du kannst zwar tun, was du willst, aber nicht bestimmen, was du tust.*

Das, was du tust, ist deine Bestimmung und nicht dein freier Wille, da der freie Wille an einen höheren Willen gebunden ist. Er folgt ihm sozusagen. Also kannst du dich bemühen, dass ein Vorhaben klappt, und wenn es geklappt hat, glaubst du, dass du es geschafft hast. Du allein hast es vollbracht. Eigentlich aber bist du „geschafft worden". Wenn du dich um etwas bemühst und du schaffst es nicht, kannst du dich schlecht und schuldig fühlen oder dich ärgern. Das ändert jedoch nichts daran, dass du es nicht anders hättest tun können. Ja, es stand nicht in deiner Macht und wird auch nie in deiner Macht stehen. Du hast alles gegeben! Und wenn du das Gefühl hast, nicht alles gegeben zu haben, dann war eben dieses „Nicht-alles-gegeben-zu-haben" *alles.* In dem Moment hast du weder richtig noch falsch gehandelt, du hast so gehandelt, wie es dir möglich war. „Aber ich hätte mehr lernen können!" Nein, hättest du nicht, sonst hättest du nämlich mehr gelernt. Nicht nur das Ergebnis der Prüfung wurde gelenkt, sondern auch deine Motivation zum Lernen. Was auch immer wir tun, tun wir so, wie wir es können. Deshalb sollten wir nie vergessen:

Es gibt niemanden, der etwas geschafft oder nicht geschafft hat. Es gibt auch keinen Schuldigen. Es gibt nur Menschen, die handeln, wie sie handeln.

Die religiöse bzw. christliche Prägung hält uns in diesen Schuldsprechungen gefangen. Sie sitzen tief. Irgendjemand ist immer schuld. Das Leben, die anderen oder ich selbst bin der Versager. Diese Prägungen sitzen tief, ganz gleich, ob wir religiös sind oder an nichts glauben. Was auch immer geschieht, so etwas wie Schuld – nämlich was wir darunter verstehen – hat es niemals gegeben. Es soll so sein und geschehen, wie es geschieht. Es hat sicher seine Gründe, warum die Dinge so sind, wie sie uns erscheinen. Diese sind jedoch völlig unwichtig. Fakt ist, so wie es ist, ist es immer gewollt, und zwar von einer unsichtbaren Kraft, die alles steuert und lenkt. Vielleicht erscheint es dir als Widerspruch, wenn ich jetzt sage, dass diese eine Kraft absichtslos handelt. Warum will sie dann etwas? Sie will nichts. Ihr Wille ist absichtslos oder besser gesagt: Sie hat keinen! Da wir in der dualen Ebene des Bewusstseins eingebunden sind, unterliegen wir dem Prinzip von Ursache und Wirkung. Was ich aussende, werde ich säen. Die eine Kraft ist nicht an diese Prinzipien gebunden. Auch wenn sie sich nicht daran orientiert, ist sie der Antrieb dieser Welt, der natürlich kein Ziel verfolgt. Es geschieht aus sich selbst heraus. Somit kann alles immer nur in Ordnung sein. Wenn wir uns jetzt aber Kriege, Schicksale und Lebensdramen ansehen, stellt sich die berechtigte Frage, wie dort alles in Ordnung sein kann. Du weißt nie, welche Ursache in dem Feld des Bewusstseins, also auf der Erde, einer bestimmten

Sache vorausgegangen ist. Und da sich die Welt in unserer Wahrnehmung in unseren Gedanken abspielt, ist es letztendlich der Krieg, den wir gegen uns selbst führen. Nicht nur mit Worten und Taten, sondern auch durch die Missachtung unserer eigentlichen Größe. Warum verleugnen wir uns selbst? Warum verleugne ich mein Selbst? Hast du dir diese Frage auch schon einmal gestellt?

Wenn der Wind ein Samenkorn fortträgt, wird es irgendwo landen. Dies können durchaus mehrere Kilometer sein. Wenn es an dieser Stelle erst Jahre später regnet, wird das Pflänzchen erst dann sprießen. Manch einer könnte sich darüber wundern, wie es genau diese Pflanze an diesem Platz geschafft hat. In unserem Leben verhält es sich ähnlich. Wir säen jeden Tag. Ununterbrochen. Wir säen Gedanken, Worte, Taten und Gefühle aus, und kein einziges Samenkorn wird dauerhaft unsichtbar bleiben. Natürlich wissen wir nicht, wann die Saat aufgeht, das kann durchaus Leben überdauern. Gewiss ist, dass wir eine Wirkung erfahren, wenn wir Ursachen gesetzt haben. Fakt ist, eine liebevolle Saat wird eine dementsprechende Ernte einbringen. Eine lieblose und dunkle Saat wird in keiner guten Ernte münden. Wenn wir uns das zu Herzen nehmen, können wir damit beginnen, unsere Samen achtsamer zu verstreuen, und darauf Wert legen, die dunkle Saat erst gar nicht nach außen zu tragen. Wenn wir wissen, dass auf der Straße ein Radarkasten steht, werden wir sicher nicht extra auf das Gas steigen, damit wir geblitzt werden. Warum also beginnen wir nicht endlich damit, die Saat zu harmonisieren und zu reduzieren, anstatt uns ständig über die harten Wirkungen zu beklagen? Wenn wir uns ständig etwas wünschen und es anders haben wollen, bezeugen wir damit, dass uns etwas fehlt. Auch ein Gefühl des Mangels oder der Unzufriedenheit wird nicht ohne Wirkung bleiben. Es ist eine große Kunst, das Leben anzunehmen, wie es ist, ohne es ständig zu bemängeln. Freu dich an dem, was dir geschenkt wird, und mache aus den Möglichkeiten, die dir zur Verfügung stehen, das Beste.

Ein Wunsch basiert ja auf dem Willen. Auch wenn wir über einen freien Willen verfügen, ist dieser nicht so frei, wie wir glauben oder es gerne hätten. Wenn der freie Wille so funktioniert, wie wir bisher dachten, warum wird ein Mensch überfallen, warum wird er krank oder warum verliert er seinen Job? Will er das?

Wenn er das nicht will, warum passiert es?

Hier sehen wir, dass wir uns die Dinge etwas genauer ansehen sollten, anstatt sie einfach hinzunehmen und zu denken, dass wir unsere Entscheidungen frei treffen können. Das tun wir zwar, aber in dem Sinn, wie es für uns bestimmt und gemeint ist. *Wir können uns immer nur so entscheiden, wie wir uns entscheiden.* Oft fragen wir uns im Nachhinein, warum wir dies oder das nicht anders gemacht haben. Wir ärgern uns vielleicht auch noch darüber. Dazu gibt es keinen Grund. Es wäre anders gelaufen, wenn es anders hätte laufen sollen. Alles, was geschieht, ist somit immer zu hundert Prozent in Ordnung, auch wenn das für den Verstand weiterhin unverständlich und unfassbar bleiben wird.

Schaf nachgedacht:

Eines meiner Lieblingsbeispiele ist das Kasperletheater. Der böse Räuber zieht dem armen Kasperl mit einer Holzkeule eines über die Rübe. Die Kinder sind sich sicher, dass dies der Räuber war. Der Räuber ist böse! Er muss bestraft werden. An den Marionettenspieler, der die Fäden zieht, denken sie natürlich nicht. In unserem Leben verhält es sich nicht anders. Jemand muss die Fäden ziehen. Wie soll der Mensch dazu in der Lage sein, aus sich heraus etwas zu bewerkstelligen? Ein Stück Fleisch mit Hirn kann aus sich heraus nichts tun, wenn es keinen Antrieb hat. Auch ein Auto wird ohne Benzin nicht von der Stelle kommen, auch wenn es noch so einen starken Motor und vier Reifen hat.

Dieser unsichtbare Antrieb ermöglicht dem Körper zu atmen, sich zu bewegen und zu denken. So wie die Glühbirne nicht aus sich selbst heraus leuchtet, kann der Hammer den Nagel nicht ohne eine Hand, die ihn führt, in die Wand schlagen. Bei diesen Beispielen ist es logisch: Klar leuchtet eine Glühbirne nicht einfach so, und der Hammer bewegt sich nicht von allein. Dass es sich mit den Menschen ähnlich verhält, darüber sollten wir nachdenken. Denn was immer du tust, es geschieht nicht, weil du es willst, sondern weil es geschieht.

Welche Missverständnisse fallen mir dazu spontan ein?

_____

_____

_____

_____

_____

_____

_____

_____

_____

_____

Meine Einsichten und Erkenntnisse:

_____

_____

_____

_____

_____

_____

_____

_____

_____

_____

Immer wenn in mir ein Wunsch hochkommt, stelle ich mir vor, es ist ein Vogel. Ich lasse ihn vorbeifliegen oder warte, bis er weiterfliegen mag. Ich lasse ihn nicht herein. Ich füttere ihn nicht und gebe ihm auch keine Aufmerksamkeit. Meistens ist er schnell wieder verschwunden, als ob er niemals gewesen wäre.

Meine Gedanken dazu:

_____

_____

_____

_____

_____

_____

_____

_____

_____

_____

_____

_____

Missverständnis Nr. 4 betrifft das *endlose* Wünschen

Einsicht:
Wir brauchen nichts zu wünschen, da es im Leben sowieso
kommt, wie es kommt. Und das ist gut so und so darf es sein,
auch wenn es dazu nicht mein Einverständnis braucht.

Erkenntnis:
Wünsche binden uns.

Entdecke:
Ent-täuschungen zeigen uns auf, dass jeder Wunsch eine Täuschung ist.

ER-Lösung:
Wunschlosigkeit.

Affirmation/Lebensleitsatz:
Ich genieße das, was ist.
Ich wünsche mir nichts und schätze das,
was mir das Leben gibt.
Ich vertraue dem Leben. Ich weiß, es meint es gut mit mir!

Was ich ab sofort anders machen will:

_____

_____

_____

_____

_____

_____

_____

_____

_____

_____

_____

_____

_____

_____

_____

_____

_____

_____

_____

_____

Verwirrungen und Missverständnisse
sind die Quellen des tätigen Lebens
und der Unterhaltung.

JOHANN WOLFGANG VON GOETHE

Zeit

5. Vergangenheit und Zukunft

Gerne komme ich hier nochmals auf Vergangenes und Zukünftiges zurück. Die Vergangenheit ist etwas, was uns tief in den Knochen sitzt. Da gibt es Erinnerungen, die schmerzen, an Geschehnisse, die wir Gott sei Dank hinter uns gebracht haben. Aber es gab auch helle Momente, Momente der Freude und des Glücks. Ganz gleich, wie die Erinnerungen sein mögen, Fakt ist, dass das, was war, nur in unseren Gedanken existiert. Zeige mir dein Problem, und ich werde es für dich löschen, sagte der Weise zum Fragenden. Hm.

Zeig mir deine Vergangenheit. Wo ist sie jetzt?

Wenn wir nicht an sie denken, ist sie auch nicht präsent. Wären da nur nicht die unangenehmen Gefühle, die uns glauben lassen, dass die Vergangenheit bis in die Gegenwart hineinreicht. Warum fühlen wir uns jetzt schlecht, wenn uns in unserer Kindheit, genau gesagt vor 35 Jahren, der Vater mit Schweigen bestraft hat?

Natürlich prägen sich diese Ereignisse ein, sie lassen sich nicht einfach abschütteln oder wegdenken. Aber jetzt sind sie nicht da, außer wir denken daran. Und wann denken wir daran? Wenn es uns plötzlich in den Sinn kommt *oder* uns ein Gefühl übermannt, das wir mit den vergangenen Erfahrungen verknüpfen. Wir planen ja nicht, dass wir heute Abend an eine gewisse unangenehme Erfahrung denken werden. Das Gefühl übermannt uns. Auch mit den Gedanken ist das so. Plötzlich sind sie da. Und irgendwann werden sie wieder weg sein. Wie sollen sie also real sein, wenn sie nicht von Bestand sind?

Das Problem ist nicht die Vergangenheit, sondern das Gedachte und Gefühlte. Dass wir im und aus dem Kopf heraus leben, anstatt im Augenblick zu sein. Der Glaube, dass die Gedanken und Gefühle uns gehören, ist ein Problem. Die Identifikation mit dem Ich, ja das Ich selbst ist das Problem.

Im Jetzt zu leben klingt etwas abgenutzt und banal. Das ist es aber keineswegs. Der Satz mag etwas überholt klingen, nach ihm zu leben, bestimmt nicht. Im Jetzt zu sein bedeutet nicht, den ganzen Tag zu lächeln, die Welt zu ignorieren und positiv denkend durchs Leben zu summen. Das Jetzt wirklich bewusst zu erfüllen ist mehr als das und bedeutet etwas ganz anderes. Es bedeutet, den Augenblick zu erfassen. Und wie gelingt das?

Wenn er nicht durch das ewige Nachdenken vertrieben wird, ganz gut. Der Augenblick zeigt sich, wenn wir leer sind. Er zeigt sich, wenn unsere Gehirnzellen nicht besetzt, sondern frei sind. Räumen wir den Gedanken, die zu uns kommen, keinen zu großen Raum ein. Lassen wir sie einfach da sein, ohne ihnen Beachtung zu schenken, und zwar, bis sie vorbeigezogen sind. Gedanken sind wie Vögel. Sie kommen und gehen, und wenn wir sie nicht einfangen, fliegen sie vorbei. Du erinnerst dich?

Was ist eigentlich so schwierig daran, den Verstand etwas zu reduzieren? Das Schwierige daran ist, dass wir den Verstand nicht kennen. Wie sollen wir etwas einschränken, das wir weder kennen noch fassen können? Wir wissen nicht, was Gedanken sind. Wir nehmen sie als real wahr. Sind sie das? Kann das, was kommt und geht, wirklich sein?

Wenn wir wissen, dass es an den faulen Kartoffeln liegt, wenn es im Vorratsraum stinkt, können wir sie entfernen. Wenn wir nicht wissen, was Kartoffeln sind, und auch den Gestank nicht orten können, wird es schwierig. Natürlich *erscheint* uns vieles, ja fast alles, wirklich, aber kann es auch wirklich *sein*? Wir glauben der Denkende zu sein. Diesen Gedanken werde ich ein eigenes Kapitel widmen. Sie lassen sich hier nicht ganz aussparen, weil sich Zukunft und Vergangenheit aus Gedankenfeldern zusammensetzen. Vergangenheit und Zukunft sind so wie die Gegenwart nichts weiter als Gedanken, die sich verfestigt haben und somit sichtbar geworden sind.

Wir können über früher und später nachdenken, aber kann das, was wir denken, *wirklich* sein? Wir erinnern uns: Gedanken kommen und gehen, also sind sie nicht von Bestand. Nur das, was von Bestand ist, kann real sein. Die eine Realität kann jedoch nicht über die Sinne wahrgenommen werden. *Das Reale kann man nicht wahrnehmen, man kann es nur sein.* Die gute Nachricht ist, dass wir ja nichts anderes sein können als diese eine Wirklichkeit. Das, was wir glauben und wissen, sind nichts weiter als Vorstellungen. Etwas

„Davorgestelltes" und nicht das eine Jetzt. Das eine Jetzt ist nicht die Gegenwart, es ist die Grundlage für die Schein-existenz, die wir als Gegenwart bezeichnen.

Die Zukunft schlägt uns täglich ein Schnippchen. Wo ist Zukunft jetzt? Das, was du morgen nennst, wird morgen wieder jetzt sein. *Wir reden jetzt über früher und später und bemerken nicht, dass wir eigentlich nie hier sind.* Wir leben in unseren Gedanken. Wir halten uns in unserer Gedan-kenwelt auf. Das Leben erfüllt sich aber nicht im Gehirn, sondern im Jetzt, und nur in diesem Augenblick wohnt die Erfüllung. Sie liegt nicht außerhalb davon. Sie ist nicht ges-tern und auch nicht morgen. Sie ist jeden Moment greifbar. Sie ist jeden Augenblick hier. Warum wir sie nicht sehen? Weil sie nicht sichtbar ist. Warum wir sie nicht erkennen? Weil sie jenseits des Erkennbaren wohnt und von Gedanken überlagert ist. Gedanken sind wie Decken, die sich über die Erfüllung legen. Und es sind viele Decken, die sich über sie gelegt haben. Sie häufen sich täglich, ja minütlich an. Je-der Gedanke ist ein Abschweifen vom Wesentlichen. Dies bedeutet nicht, dass Gedanken schlecht sind. Es bedeutet nur, dass wir ihnen all unsere Aufmerksamkeit geben. Wir schenken ihnen mehr Aufmerksamkeit, als wir dem Augen-blick geben. Nichts hat mehr Aufmerksamkeit verdient als das, was jetzt ist. Ob Schmerz, Kummer oder Freude … es ist das Jetzt, was zählt. Nur jetzt können wir Zufriedenheit und Einsicht erlangen. Einsicht und Glück, Freude und in-nere Harmonie können immer nur jetzt stattfinden. Alles ist jetzt. Der Gleichklang ist jetzt. Glück ist jetzt. Alles ist jetzt und kann niemals außerhalb liegen. Das, was wir als „außerhalb" erleben und betrachten, ist nichts weiter als Gedanken, Vorstellungen und Ideen. Auch diese Einsicht kann nur jetzt stattfinden. Wenn wir darüber nachdenken, entfernen wir uns schon wieder von diesem einen Moment. Es warten so viele Geschenke auf uns, die sich aber immer nur *jetzt* auspacken lassen. Wenn wir gedanklich in Vergangenem und Zukünftigem wühlen, werden wir diese Geschenke nicht finden. Sie erreichen uns nicht. Öffnen wir uns für den Augenblick und kümmern wir uns nicht um diese Hirngespinste, die dafür verantwortlich sind, dass wir leiden und Sorgen und Probleme mit uns tragen. Du musst die Welt nicht tragen, sie trägt dich! Bist du dir dessen bewusst?

Schaf nachgedacht:

Der Mensch hat Träume und Ziele. Das stärkt ihn und schenkt ihm Kraft. Gleichzeitig bindet er sich damit an die Materie, ohne es zu wissen. Wünsche nageln uns fest, da sie sich erfüllen wollen. Es ist eine Kraft, die uns bindet und uns das Leben erschwert. Mit 50 Jahren sagt der Mensch, dass er sich schon auf die Pension freut und darauf, was er dann alles tun wird. Wir sollten besser jetzt damit beginnen, das zu tun, was uns guttut, da eine Zukunft nur in der Vorstellung existiert.

Das Jetzt prägt das, was du Zukunft nennst, und wenn du jetzt nicht wirklich bewusst hier bist, wirst du das auch zukünftig nicht sein. Verschiebe nicht auf morgen, was du heute besorgen kannst. Das sollten wir auch leben. Verschiebe nicht auf morgen, was heute ein anderer für dich tun kann. Dieser Spruch ist lustig, und auch das kann ganz angenehm sein. Auf alle Fälle sollten wir immer gleich alles jetzt erledigen, damit wir das, was noch zu erledigen ist, nicht als schweren Ballast mit uns tragen. Die Zukunft macht uns Angst. Warum? Weil wir an sie denken. Weil wir uns im Kopf ausmalen, was alles passieren könnte. Passiert es vielleicht, weil wir es gedacht haben? Das kann durchaus sein. Wir wissen es nicht. Fakt ist, dass die Kraft der Gedanken eine wirkliche Waffe ist. Die Kraft der Gedanken ist ihre Macht.

Es stellt sich die Frage, ob die Dinge anders verlaufen, wenn wir nicht so, sondern anders denken. Stell dir vor, du sagst zu jemandem mehrmals: Ich weiß sowieso, dass das nicht funktioniert. Wenn es dann tatsächlich nicht funktioniert, prahlst du damit, dass du das ohnehin schon gewusst hättest. Du denkst aber keinen Augenblick daran, dass es deswegen so geschehen ist, weil es sich durch die Kraft deiner Gedanken so entwickelt hat. Unterschätze deine Gedanken nicht. Es sind Kräfte, die dein Leben lenken und deinen Lebensinhalt gestalten. Die Dinge sind wahrlich nie so, wie sie scheinen: Wir haben keine Ahnung, warum Dinge geschehen oder auch nicht geschehen. Wir sollten achtsamer sein. Nicht nur mit unseren Gedanken, Worten und Taten, sondern auch mit unseren Annahmen und Vorstellungen und vorgefertigten Meinungen. Das Leben kann nie so sein, wie wir es sehen, da das Gesehene ja nicht unsere Sicht sein kann. Es ist etwas ganz anderes. Zukunft und Vergangenheit gibt es jetzt in diesem Augenblick mit Bestimmtheit nicht. Was auch immer diese Sätze in dir auslösen, zerdenke sie nicht, sondern lass sie auf dich wirken.

Welche Missverständnisse fallen mir dazu spontan ein?

_____

_____

_____

_____

_____

_____

_____

_____

Meine Einsichten und Erkenntnisse:

_____

_____

_____

_____

_____

_____

_____

Eines Tages waren meine Zukunftsängste und Gedanken über das, was noch kommen könnte, einfach weg. Ich bemerkte, dass keine belastenden Gedanken mehr aufkamen, die sich auf ein Später bezogen. Da diese Gedanken nicht mehr da waren und da sind, stellt sich mir die Frage, ob es die Zukunft jemals gegeben hat.

Sie existierte in meiner Welt der Einbildung und Phantasien. Wäre sie real, müsste sie jetzt hier sein. Aber jetzt ist immer jetzt. Jetzt kann nichts anderes als jetzt sein. Auch das nächste Jetzt ist jetzt, und die Zukunft? Ein flüchtiger Gedanke, auf den ich gerne verzichten kann.

Meine Gedanken dazu:

_____
_____
_____
_____
_____
_____
_____
_____
_____

Missverständnis Nr. 5 betrifft *die Zukunft und die Vergangenheit*

Einsicht:
Es ist immer jetzt.

Erkenntnis:
Wer sich im Glauben an ein Gestern oder
Morgen verliert, ist wirklich verloren.

Entdecke:
Zeitlosigkeit ist eine unendliche Kraft.
Sie hat die Macht, dass sie uns Missverständnisse
durchschauen lässt.

ER-Lösung:
Zeitlos in der Zeit zu sein.

Affirmation/Lebensleitsatz:
Ich lebe das Jetzt. Ich bin voll und ganz in diesem
Moment,
ohne mich in diesem Moment zu verlieren.

Was ich ab sofort anders machen will:

_____

_____

_____

_____

_____

_____

_____

_____

_____

_____

> Die Heiligen und die Frauen sind die beiden Wesen,
> die am ehesten missverstanden werden können.
>
> ERNST R. HAUSCHKA

Gedankenwelt

6. Gedanken

Und wo genau kommen die her? Na, aus dem Kopf natürlich! Bist du dir sicher? Wir denken mit dem Hirn, aber können Gedanken darin ihren Ursprung haben? Wie kommen sie in das Hirn hinein und wo entstehen sie? Falls Gedanken im Hirn entstehen, wer oder was ermöglicht es, dass dies geschehen kann? Das sind durchaus außergewöhnliche Fragen. Hast du sie dir schon einmal gestellt?

Außergewöhnlich sind sie ja nur, weil wir sie uns nicht stellen. Warum eigentlich nicht? Macht es nicht Sinn, so etwas zu hinterfragen? Nun, wir glauben ja zu wissen, wie Denken funktioniert. Ich denke. Reicht diese Aussage aus, um einen für uns ganz natürlichen Vorgang als etwas hinzunehmen, was nichts weiter als eine Annahme ist? Und wie natürlich kann dieser Vorgang sein, den wir in keiner Weise nachvollziehen können? Selbst die Wissenschaft stößt hier an ihre Grenzen, und das Gehirn bleibt weitreichend unerforscht. Das, was erforscht wird, ist ein Werkzeug. Dieses hilft uns, das Leben zu meistern. Das, was unser Werkzeug lebendig hält und es funktionieren lässt, entzieht sich jeglicher Erforschung.

Wenn du die Torte untersuchst, wirst du keine Information über den Bäcker erhalten. Das Radio wird dir auch keine Auskunft darüber geben, woher seine Informationen kommen. Du hast die Nachrichten vielleicht über das Radio gehört, aber weder entstammen sie dem Gerät, noch erzeugt es diese. Das Radio hat mit dem Gehörten eigentlich nichts zu tun. Und wie verhält es sich nun mit dem menschlichen Gehirn?

Ich denke, also bin ich. Es gibt wohl kaum jemanden, dem dieses Zitat fremd ist. Alle kennen es, viele plappern es nach, aber nur wenige hinterfragen es. Weil wir glauben, dass wir es sind, die diese Gedanken haben, sagt dieser Satz überhaupt nichts aus. Wir wissen ja nicht einmal, wer wir sind, wie wollen wir dann etwas über Gedanken wissen, die dieses Wir besitzt? Was ist dieses „Ich"? Was bedeutet „Wir"? Die Aussage, dass dieses Ich ich bin, reicht wirklich nicht aus und stellt keineswegs zufrieden. Was wir sehen, glauben wir und nehmen wir als real hin. Was für uns unsichtbar ist, muss unwirklich sein. Ein eigenartiges Verhalten, das sich der Mensch antrainiert hat oder, besser gesagt, was ihm antrainiert worden ist.

Wenn du jemanden siehst, der dir gegenübersteht, kann er nur wirklich sein. Das sagt zumindest der Verstand. Schließe deine Augen. Wo ist dein Gegenüber jetzt? Du weißt, dass es noch da ist, weil du es soeben noch gesehen hast. Es könnte in der Zwischenzeit weggegangen sein, doch in den Gedanken ist es noch immer da. Lass uns ein weniger tiefer gehen.

74

Der andere und du. Warum bist du dir so sicher, dass es euch beide gibt. Was auch immer wir erleben und sehen, kann immer nur eine Projektion des Bewusstseins sein, und alles, was du siehst und erlebst, kann nicht von dir unabhängig existieren. Ohne deine Wahrnehmung sind die Dinge nicht da. Wenn du stirbst, ist plötzlich alles weg. Wo war es, bevor du gestorben bist? Und wenn du stirbst, fällt der Körper weg. Du aber bleibst. Was genau hat der Körper mit dir, mit deinem wahren Selbst zu tun?

Schaf nachgedacht:

Gedanken gehören niemandem. Sie kommen und gehen. Eigentlich sind sie Gefährten. Wir aber glauben, dass es unsere Gedanken sind, dass sie uns gehören. Wir sagen ja auch: Ich denke, und nicht: Es denkt mich. Bis zum Alter von ca. drei bis vier Jahren sagt Heidi: „*Heidi hat Hunger*". Irgendwann wird das dem Kind abgewöhnt, und es wird ihm eingetrichtert, dass es heißt: „Ich habe Hunger". Ganz kleine Kinder sprechen noch nicht in der Ich-Form von sich, weil sie es nicht so empfinden.

Gedanken können hartnäckig sein und uns ganz schön zu schaffen machen. Wir können die Gedanken weder verscheuchen noch ignorieren. Doch bedenke: Sie gehören nicht dir, sie begleiten dich nur.

Gedanken sind wie Gäste. Stell dir vor, deine Gedanken sind Gäste, die dich besuchen kommen. Du kannst nicht verhindern, dass jemand an die Türe klopft, aber du musst ihm nicht aufmachen und dich nicht stunden- oder tagelang mit ihm unterhalten. Du entscheidest, welche Gedanken du willkommen heißt. Die ungebetenen, unliebsamen Gäste lässt du draußen. Die angenehmen, fröhlichen und guten Gäste dürfen eintreten und bleiben.

Sieh Gedanken als Freunde an, die für eine Orientierung, ja fürs Überleben notwendig sind, die du aber keineswegs 24 Stunden lang betreuen musst. Sie sind hartnäckig genug! Nimm sie an, aber nutze sie nur für das Notwendigste. Niemand plant, dass er sich morgen um 15 Uhr über den Busfahrer ärgern oder beim Treffen mit Freunden seine Meinung sagen wird. Diese Dinge geschehen, und Gedanken und Emotionen steigen auf, wann es ihnen passt, und nicht dann, wenn es uns beliebt. So ist das Leben. Was auch immer in dir hochsteigt, nimm es an. Lass es da sein, aber identifiziere dich nicht damit. Es ist etwas, was dich kurz oder auch für länger begleiten wird. Doch es ist etwas, was getrennt von dir existiert, außer du nimmst Bezug darauf. Dann kann es ganz schön unangenehm werden. Also schau hin, was es mit Gedanken und Emotionen auf sich hat. Vergiss nie, dass es eine Möglichkeit gibt, auf Abstand zu gehen. Spätestens wenn du erkennst, dass diese Gedanken eigentlich gar nichts mit dir zu tun haben, wird sich einiges klären. Das Leben wird leichter, und man nimmt vieles nicht mehr so persönlich. Ach, wie schön ist es, frei zu sein!

Welche Missverständnisse fallen mir dazu spontan ein?

_____

_____

_____

_____

_____

_____

_____

_____

_____

_____

_____

Meine Einsichten und Erkenntnisse:

_____

_____

_____

_____

_____

_____

_____

_____

_____

_____

_____

Gedanken sind wie Wolken. Immer wenn sie auftauchen, vergleiche ich sie mit Wolken. Ich lasse ihnen ihre Form und ihren Inhalt. Gedanken sind meine Begleiter. Sie sind nützlich, wenn ich sie richtig einsetze. Gedanken, die mich runterziehen und mich in einen Schmerz hineinmanövrieren, lasse ich ziehen. Ich weiß ja, dass dahinter die Sonne scheint. Was soll mir schon passieren?

Meine Gedanken dazu:

_____

_____

_____

_____

_____

_____

_____

_____

_____

_____

Missverständnis Nr. 6 betrifft *die Gedanken*

Einsicht:
Gedanken gehören mir nicht.

Erkenntnis:
Gedanken können als eigenständiger Aspekt angesehen werden, um den ich mich nicht immer kümmern muss.

Entdecke:
Gedanken kommen und gehen. Sie sind nicht von Bestand.
Versuche nicht Gedanken loszuwerden, verbünde dich mit ihnen.
Lenke sie auf Themen, die dir wichtig sind, und gehe nicht auf sie ein, wenn sie dir ein Problem vorgaukeln.

ER-Lösung:
Entdecke, was Gedanken wirklich sind. Erforsche sie!

Affirmation/Lebensleitsatz:
Ich lasse unnötige und schwere Gedanken ziehen. Ich lasse sie los und schenke ihnen keine Beachtung mehr. Sie dürfen da sein und stehen nicht im Mittelpunkt. Sie sind Mittel zum Zweck.

Was ich ab sofort anders machen will:

_____

_____

_____

_____

_____

_____

_____

_____

_____

_____

_____

_____

Ein jedes Missverständnis lässt sich durch Geradheit, Offen-
heit und Liebe beseitigen.

FJODOR MICHAILOWITSCH DOSTOJEWSKIJ

Gefühlswelt

7. Gefühle

Was wir fühlen, ist unsere Empfindung und hat nichts mit dem zu tun, worauf sich diese Gefühle beziehen. Wir sagen, dass uns jemand verletzt hat. Es mag sein, dass er etwas in uns ausgelöst hat, aber schuldig ist er nicht. So etwas wie Schuld gibt es nicht. Schuld ist eine Erfindung einer religiösen Einrichtung, um Menschen unter Kontrolle zu halten. Sie ist etwas, was es so, wie wir es anerzogen bekamen oder uns vorstellen, mit Bestimmtheit nicht gibt.

Niemand kann etwas für seine Gefühle. Sie sind wie Gedanken. Sie kommen und gehen. Sie bleiben nicht gleich. Sie verändern sich. Auch sie sind dem Gesetz der Wandlung unterworfen. Da sie nicht von Bestand sind, wie real können sie sein?

Was sind eigentlich Gefühle? Diese Frage habe ich mir früher oft gestellt. Und ich habe sie auch anderen Menschen gestellt. Die Antwort war immer die gleiche: Gefühle?!

Mir reichte diese Antwort nicht aus. „Gefühle" ist ein Wort. Was aber verbirgt sich dahinter?

Gefühle sind etwas, was wir haben. Das glauben wir. Ich

glaube eher, dass sie uns haben und uns in Beschlag nehmen. So wie Süchte uns lenken und uns beherrschen, genauso ist es mit Gefühlen. Niemand kann Gefühle herbeizaubern bzw. selbst erzeugen. Gefühle übermannen uns. Gefühle lassen uns tanzen, singen, lachen und weinen. Gefühle kommen, wann es ihnen passt, und gehen bestimmt nicht, wenn wir es wollen.

Weiter sehe ich Gefühle als etwas Externes an. Ich spüre sie, aber ich weiß, dass sie mir nicht gehören. Ich definiere mich zwar über sie, aber sie sind etwas, was sich an mich „anhängt". Es ist nicht das, was ich bin. Auch wenn ich mich über sie definiere und bei Liebeskummer Herzschmerz oder bei Eifersucht Wut spüren kann, so ist und bleibt es dennoch ein Empfinden, das wie aus dem Nichts kommt. So wie es plötzlich über mich gekommen ist, haut es auch wieder ab. Ich bewerte schon lange nicht mehr, was kommt und geht. Alles darf anwesend sein und neben mir stehen, aber ich gebe dem keine Macht, um über mich zu herrschen. Wer von einem Gefühl übermannt wird und nicht erkennt, dass es etwas ist, das sowieso wieder gehen wird, wird leiden. Es ist ein Strudel, ja ein Sog, in den wir hineingezogen werden. Wir verlieren uns im Kummer. Warum fällt es uns so schwer, ihn abzuschütteln?

Eine gute Frage, auf die ich eine durchweg logische Antwort habe. Was ich nicht habe, kann ich auch nicht loswerden! Wenn Gefühle etwas wären, was mir gehört, dann müsste ich sie auch weggeben können. Nun ist es so, dass sie auftauchen und parallel zu meiner Person anwesend sind. Sie werden ein Stück weit mit mir gehen und an meiner

Seite sein. Wenn ich das weiß, muss ich mich nicht um sie kümmern. Vielleicht gelingt es uns nicht, sie vollkommen auszublenden, aber das ist auch gar nicht nötig. Es ist möglich, eine gesunde Distanz zu ihnen einzunehmen. Warum traurig sein, wenn Traurigkeit gestern gar nicht da war? Sie ereilt mich heute, und sie wird mich schon bald wieder verlassen. Also lasse ich die Traurigkeit einfach sein. Mit der Gewissheit, dass sie nicht von Bestand ist, wird es gelingen. Wenn wir uns von den Gefühlen einfangen lassen, dann ruft das Gedanken herbei. Negative Gedanken vermehren sich und ziehen uns weiter hinunter. Das bedeutet, dass die Gefühle immer intensiver werden und wir uns immer schlechter fühlen. Das nutzt keinem was, weder den Gefühlen noch uns und den Mitmenschen schon gar nicht. Wer will schon gerne ständig von Menschen umgeben sein, die sich schlecht fühlen. Wer sich schlecht fühlt, beklagt sich, und jemandem ständig dabei zuzuhören, wie er sein Leid beklagt, macht auch keinen Spaß.

Vielleicht ist es genau in dem Moment, in dem uns Gefühle übermannen, schwierig, neutral zu bleiben. Denn Gefühle sind wie eine Welle, die einen mitreißt. Es bedarf einer gewissen Standhaftigkeit und eines gewissen Auffassungsvermögens, um sich über einen Tiefpunkt zu erheben und die Gefühle Gefühle sein zu lassen. Sie müssen nicht weg-, sondern mit uns gehen. Das reicht. Wenn wir unter uns den Boden zu verlieren drohen, sind alle guten Vorsätze und Gedanken dahin. Wer kennt das nicht?! Wem es aber einmal gelingt, sich der Negativität nicht hinzugeben, hat gute Chancen, es wieder und wieder zu schaffen. Wie heißt es so schön: Es ist noch kein Meister vom Himmel gefallen. Tiefs sind unbeliebt, und jedem Hoch wird eines folgen. Gerade dann müssen wir die Verantwortung für unser Leben übernehmen und stark sein. Wir dürfen uns nicht gehenlassen. Wenn wir das tun, verlieren wir uns in einer Emotion, die so viel Macht über uns hat, dass es uns wirklich schlecht geht. Niemand wünscht sich das, und dennoch sind so viele Menschen in ihren Gefühlen gefangen. Es ist nicht schlimm, wenn es so ist, aber es ist sicher besser, wenn es nicht so ist.

Wenn es dir das nächste Mal schlecht geht und du Angst hast oder richtig wütend bist, stelle Folgendes fest:

Die Emotionen (die Angst, der Zorn etc.) lassen sich nicht einfach so wegzaubern. Wenn sie sich nicht abschütteln lassen, können sie mir auch nicht gehören. Also ist es an der Zeit, ihre Identität in Frage zu stellen. Sind Gefühle nur Gefühle? Was haben sie mit mir zu tun? Was passiert, wenn ich mich ihnen nicht zuwende und sie einfach so stehen lasse?

Ich erlaube ihnen, da zu sein, aber ich stelle fest, dass sie gestern noch nicht da waren. Gestern war ich nicht ängstlich, vielleicht werde ich es morgen nicht mehr sein. Wer weiß es schon? Warum also soll ich mich hier und jetzt mit etwas beschäftigen, was mir sowieso nur schadet und schon bald wieder verschwunden sein wird?

Wir sollten Emotionen keinesfalls unterschätzen. Es sind alte Gefährten, die uns seit Äonen in den Bann ziehen. Und es gelingt ihnen seltsamerweise immer wieder. Warum?

Weil wir bisher noch nicht durchschaut haben, dass Gefühle nur Gefühle sind. Nicht mehr und nicht weniger. Sie sind nichts, was unsere ganze Aufmerksamkeit bekommen sollte. Wir brauchen sie auch nicht zu analysieren und aufzuwühlen. Wir brauchen uns auch nicht im Selbstmitleid zu suhlen, um sie immer wieder zu beleben. Bei Liebeskummer wärmen wir alte Gefühle immer und immer wieder auf. Der tiefsitzende Schmerz wird so künstlich und gewaltsam aufrechterhalten. Immer wieder denken wir zurück, wie schön es doch war. Diese Erinnerungen sind Gift und nähren den Schmerz, der uns eigentlich gar nicht gehört. Der Schmerz lebt in der Erinnerung und nicht im Jetzt. Der Augenblick ist von Erinnerungen befreit und kann somit auch nicht schmerzgeladen sein. Wir definieren uns über den Schmerz, aber er ist nicht das, was wir sind. Es ist ein Schmerz, der nicht von Bestand ist.

Welche Missverständnisse fallen mir dazu spontan ein?

_____

_____

_____

_____

_____

_____

_____

_____

_____

Meine Einsichten und Erkenntnisse:

_____

_____

_____

_____

_____

_____

_____

_____

_____

Gefühle heben uns empor oder ziehen uns herunter. Je mehr wir uns mit ihnen einlassen, umso tiefer erleben wir sie. Je mehr Raum wir ihnen zur Entfaltung schenken, umso intensiver erleben wir sie. Gefühle sind etwas Wunderbares. Aber nur die guten. Die, die uns unangenehm sind, möchten wir gerne beiseiteschieben. Warum dürfen nicht alle Gefühle bleiben?

Meine Gedanken dazu:

_____

_____

_____

_____

_____

_____

_____

Missverständnis Nr. 7 betrifft *die Gefühle*

Einsicht:
Gefühle sind Gefühle. Nicht mehr und nicht weniger.

Erkenntnis:
Gefühle können so wie Gedanken als eigenständiger Aspekt angesehen werden, um den ich mich nicht immer kümmern muss.

Entdecke:
Gefühle kommen und gehen. Sie sind nicht von Bestand.
Versuche nicht sie loszuwerden, respektiere sie.
Lass dich nicht von ihnen herunterziehen.
Was kommt, muss gehen. Gefühle verändern sich.

ER-Lösung:
Du definierst dich über Gefühle, du bist sie nicht.

Affirmation/Lebensleitsatz:
Ich lasse Gefühle Gefühle sein. Ich respektiere sie als Gefühle, aber ich messe ihnen keine Bedeutung bei. Ich lasse sie ein Stück mit mir gehen und beobachte sie. Meine Distanz zu ihnen schenkt mir Freiheit und Gelassenheit.

Was ich ab sofort anders machen will:

_____

_____

_____

_____

_____

_____

_____

_____

Missverständnisse, die man nicht ausräumt,

wuchern wie Unkraut.

GERLINDE NYNCKE

Das Gemüt

8. Zufriedenheit

Wahre Zufriedenheit beruht nicht auf äußeren Umständen, es ist unser natürliches Sein. Wir sind Zufriedenheit. Dies wird von verschiedenen Dingen überlagert, die uns unzufrieden machen, aber auch Zufriedenheit vorgaukeln können. Diese Überlagerungen sind Vorstellungen, Erinnerungen, Zukunftsängste, Annahmen, Widerstände, Wünsche und Erwartungen, um nur einige davon zu nennen. All diese Eigenwilligkeiten entspringen dem menschlichen Willen. Unser Wille ist einem universellen Willen untergeordnet und kann sich immer nur nach diesem ausrichten. Das aber wissen wir nicht, oder wir sind uns dessen nicht bewusst. Wir wissen vieles. Das, was wirklich wissenswert ist, wissen wir nicht. Unser wirkliches Sein lässt sich nicht denken. Die eine kosmische Kraft lässt sich mit dem Verstand nicht erfassen. Wir können sie weder wissen noch uns vorstellen, weil sie jenseits der Gedanken ist. Vorstellungen, Erinnerungen, Zukunftsängste, Annahmen, Widerstände, Wünsche und Erwartungen sind wie die bereits erwähnten Decken, die sich über das Reale gelegt haben. Sie haben sich aufgetürmt und machen das Darunter unsichtbar. Das Darunter ist unser lichtvolles Sein, das ewig unveränderlich dasselbe ist.

All diese Schichten verhindern, dass wir Zufriedenheit sind, dass wir uns als diese erkennen. Diese eine Zufriedenheit ist kein Zustand, der kommt und geht, es ist unser Wesen. Wenn Zufriedenheit von etwas abhängig ist, sich auf etwas bezieht, kann es niemals wahre Zufriedenheit sein. Wenn wir uns als die eine, wahre und beständige Zufriedenheit erfahren wollen, müssen wir uns aus all diesen Überlagerungen herausschälen, und zwar so lange, bis das zum Vorschein kommt, was wir eigentlich sind. Dazu braucht es Geduld.

Jammern ist Sache dessen, der unzufrieden ist. Er nörgelt ständig und bekundet immerzu, was ihm nicht passt. Er scheint mit seinem Leben nicht klarzukommen.

Warum muss das Leben so sein, wie wir es haben wollen? Haben wir das Recht, das einzufordern?

Natürlich können wir es uns anders wünschen, aber nützen wird das nichts.

Ich will glücklich sein.
Ich will einen Partner haben.
Ich will dies und ich will das.
Ich will es einfach anders haben!
Ich will.

Wenn wir einfach nur etwas wollen können, scheint es uns schon besser zu gehen. Dies bezeugt einen Mangel. Wenn uns nichts fehlen würde, würden wir ja nicht jammern. Was fehlt uns wirklich?

Es fehlt die Einsicht, dass sich das Leben unseren Gedanken anpasst und von unserem Sosein gesteuert und gelenkt wird. Das Leben ist Ausdruck unserer Innenwelt, eine Spiegelung im Bewusstsein. Ist das Innenleben dafür ausschlaggebend, wie sich das Leben gestaltet?

Das Schicksal ist bestimmt nicht schuld oder, besser gesagt, das, was wir unter Schicksal verstehen. Wir sollten unsere Innenwelt samt Gefühlen, Gedanken, Worten und Taten als Schicksalsverursacher bezeichnen, das käme dem Ganzen schon etwas näher. Nun hat jeder Mensch eine andere Prägung. Wir haben unterschiedliche Erlebnisse und somit verschiedene Ausrichtungen und Gesinnungen. Dass jeder Mensch anders gepolt ist, ist klar. Doch inwieweit können wir eine neue innere Haltung bewerkstelligen?

Wie können wir alte Gewohnheiten durchbrechen?

Wie können wir unsere Gedanken mit Abstand betrachten?

Wie können wir uns eine weitere Sicht aneignen?

Wie kann es gelingen, das Urteilen sein zu lassen und unsere Meinung nicht immer in den Vordergrund zu stellen?

Wie wird es möglich, uns selbst nicht zu wichtig zu nehmen?

Wie kann es gelingen, unsere Persönlichkeit zu knacken, um mehr und mehr aus dem Herzen heraus zu leben und zu reagieren?

Sind wir in dem Fahrwasser unseres Soseins, unserer Gewohnheiten und Schwächen gefangen, oder gibt es einen

Ausweg aus diesem Dilemma? Wer Fragen nach dem Wie, Warum und Weshalb hinter sich lässt und seine Innenschau intensiviert, um die wahre Bedeutung all dieser Dinge zu durchschauen, wird die Zufriedenheit aus ihren Überlagerungen herausschälen.

Das Leben ist nicht immer schwer. Manchmal ist es leicht und kann auch recht lustig sein. Doch diese Harmonie ist nur von kurzer Dauer, und das hat einen Grund. Wir sind in die universellen Gesetzmäßigkeiten eingebettet. Nur in dem polaren Bewusstseinsfeld von Oben und Unten, Heiß und Kalt, Gut und Schlecht etc. ist es möglich, uns wieder zu entdecken, und zwar unsere wahre Identität zu entschleiern, Altes zu durchbrechen und hinter uns zu lassen.

Du musst nicht verzweifelt sein, wenn das Leben dir einen Streich spielt und es partout nicht laufen will, wie du es dir vorgestellt hast. Das ist völlig normal. Wer sich nichts vorstellt, keine Erwartungen hegt und auch nichts will, wird auch nicht enttäuscht. Wer die Latten hoch steckt, kann leicht fallen. Sei einfach menschlich. Lebe dein Leben, das dir gegeben wurde, und mach das Beste draus. Tu so, als ob du einen freien Willen hättest, und gib dein Bestes. Sei herzlich, liebevoll und respektvoll mit deiner Umwelt. Du bist nicht alleine auf dieser Welt. Wir bedingen einander und brauchen uns. Kein Mensch ist imstande, alleine zu leben. Würde er das tun, wäre das nur ein feiger Rückzug vor all den Aufgaben, die er sich stellen muss, um Befreiung zu erlangen. Wenn es dir gutgeht, geht es auch den anderen gut. Sie sind ein Ausdruck deiner Innenwelt. Alles spiegelt dich wider. Wenn du traurig, aufbrausend und voller unguter Gedanken bist, wird dein Umfeld dir das spiegeln. Wie innen, so außen. *So wie du bist, wird das Leben dir begegnen,* daran solltest du dich stets erinnern.

Schaf nachgedacht

Unzufriedenheit taucht immer wieder auf, bei dir, bei mir, bei nahezu jedem. Das geschieht, wenn Zufriedenheit abwesend ist. Man sieht also, dass beides vergängliche Zustände sind. Alles, was vergeht, kann niemals real sein. Es ist nicht von Bestand. Zufriedenheit aber ist kein Zustand, es ist das, was wir ursprünglich sind. Warum ist Zufriedenheit abwesend?

Weil wir etwas anders haben wollen? Weil wir mit der Situation nicht einverstanden sind?

Warum wollen wir es anders haben, und warum sind wir nicht einverstanden?

Weil das Ich seine eigenen Vorstellungen von einem harmonischen Leben hat. Also sind es nicht die Umstände, die unzufrieden machen, sondern die Vorstellungen. Vorstellungen sind immer unrealistisch. Trotzdem haben wir sie. Vielleicht haben sie uns?

Fakt ist, dass sich Probleme in Luft auflösen, wenn wir keine Vorstellungen mehr haben. Wenn wir keine Wünsche hegen und dieses anstrengende Wollen hinter uns lassen, gibt es keinen Grund mehr, unzufrieden zu sein.

Kurzum:

Wenn du unzufrieden bist, bist du unzufrieden. Du kannst an den Umständen nichts ändern. Du kannst sie nicht wegradieren. Aber du kannst das Anders-haben-Wollen loslassen. Was spricht dagegen? Vielleicht will das Ich an seinen Vorstellungen festhalten. Das ändert aber nichts an der Situation, die es ja gerne anders haben möchte. Wenn du nichts ändern kannst, warum versuchst du dann immer noch dagegenzusteuern? Vielleicht redet dir dein Verstand ein, dass du etwas tun kannst oder tun musst. Doch was auch immer du tust, es wird die erwünschte Zufriedenheit nicht herbeizaubern. Wahre Zufriedenheit ist nicht von Umständen abhängig, sie ist immer da. Du nimmst sie nicht wahr, weil sie von Vorstellungen, Wünschen und dem Wollen überlagert wird. Es liegt also an diesen Überlagerungen, die Schicht für Schicht abgelegt werden müssen.

Natürlich wäre es dir lieber, wenn es anders wäre! Du glaubst ja, dass anders besser bedeutet. Doch das wissen wir nicht. Wir wissen nicht, was für uns gut ist, und wissen auch nicht, warum die Dinge so sind, wie sie sind. Ich bin überzeugt, dass es immer so sein soll, wie es gerade ist. Wäre es sonst nicht anders?

Spring über deinen Schatten und lass das Wollen los. Lass diese Unzufriedenheit da sein. Gib ihr Raum, ohne ihr weiter Beachtung zu schenken.

Sieh sie als Gefährten und sieh, was du fühlst.

Was geschieht?

Nichts!

Es ist ein Unbehagen, das dir nichts anhaben kann. Und da du weißt, dass es wieder vorbeigehen wird, kannst du es getrost sein lassen. Sei dir dessen bewusst, dass es nur vorübergehend da ist. Lass dich nicht beeindrucken oder hinunterziehen, bis dieser Zustand in einen anderen übergeht. Es ist gar nicht so schlimm, es sein zu lassen. Loslassen ist ein willentlicher Vorgang, der nur bedingt funktioniert. Seinlassen ist etwas anderes. Es setzt keine Handlung voraus und nähert sich der Hingabe an.

Es ist völlig normal, dass das Ego gegen Unzufriedenheit ankämpfen will. Doch ist es nicht mehr als ein momentaner Zustand. Zustände kommen und gehen, und übrigens sind alle Menschen davon betroffen. Nicht nur du wirst von einer Unruhe und Missstimmung heimgesucht. Wenn du das nächste Mal unrund bist, ignoriere es nicht, aber gehe auf Abstand. Lass es vorüberziehen, halt es nicht fest und versuche nicht, es loszuwerden. Jeder Widerstand ist zwecklos und verstärkt es nur. Es bezeugt einen Mangel. Sei im Frieden mit dem, was du als gut und weniger gut empfindest, alles andere löst sich von selbst.

Welche Missverständnisse fallen mir dazu spontan ein?

_____

_____

_____

_____

_____

_____

Meine Einsichten und Erkenntnisse:

_____

_____

_____

_____

_____

_____

_____

Bei Unzufriedenheit hilft es, die emotionalen Bewegungen mit Distanz zu betrachten. Diese Bewegungen haben nichts mit dir zu tun, wenn du dich nicht auf sie beziehst. Lass sie sein. Der Mensch neigt zur Ursachensuche und -analyse. Wenn du erkennst, dass Unzufriedenheit getrennt von dir existiert und nicht das ist, was du bist, brauchst du auch keinen Grund und keine Lösung für das vermeintliche Problem zu suchen. Verabschiede den Begleiter oder lass ihn links liegen, bis er selber geht. Das wird er! Wenn du dich nicht mit ihm anfreundest und ihm keine Aufmerksamkeit gibst, wird er sich aus Langeweile zurückziehen. Die mag er nämlich nicht.

Meine Gedanken dazu:

_____

_____

_____

_____

_____

Missverständnis Nr. 8 betrifft
die Unzufriedenheit

Einsicht:
Unzufriedenheit stellt sich ein, wenn ich etwas nicht
akzeptiere.

Erkenntnis:
Wenn ich der Unzufriedenheit Raum gebe und
mich nicht weiter um sie kümmere, passiert nichts.
Unzufriedenheit darf da sein. Sie hat mit mir nichts zu
tun, außer ich beziehe mich auf sie.

Entdecke:
Zufriedenheit ist mein ursprüngliches Wesen. Die
Gefühle von Zufriedenheit oder Unzufriedenheit sind
nicht von Bestand. Was nicht von Bestand ist, kann
nicht real sein.
Real ist, was immer ist.

ER-Lösung:
Die Antwort auf die Frage „Was ist immer?"
beantworten zu können und verinnerlicht zu haben.

Affirmation/Lebensleitsatz:
Ich nehme das Leben dankbar an. Wie auch immer es
sich mir zeigt, so darf es sein. Danke für Momente der
Unzufriedenheit und der Zufriedenheit.
Sie sind gleichberechtigt. Danke, dass ich beiden
liebevoll begegnen kann.

Was ich ab sofort anders machen will:

_____

_____

_____

_____

_____

_____

_____

_____

_____

_____

_____

_____

_____

_____

_____

Erbärmlich ist's freilich, und zwar sehr, wie oft die Menschen
einander nur halb vernehmen und ganz missverstehen.

JEAN PAUL

Willenskraft

9. Der Wille

Ich will das nicht!
Ich habe eine Absicht!
Ich verfolge ein Ziel!
Ich will meine Meinung sagen!
Ich will Recht haben!
Ich will es anders haben!
Ich. Ich. Ich.

Der Wille ist der Antrieb. Der Wille lässt uns Dinge tun, oder er bleibt aus. Ob wir nun etwas tun oder es lassen, es ist immer eine Handlung. Tat oder unterlassene Handlung, beides gilt als Ursache. Jede Ursache erzeugt eine Wirkung, das ist eine Gesetzmäßigkeit der Materie. Natürlich können wir entscheiden, wohin wir heute gehen, was wir arbeiten und wen wir treffen. Doch ist der Wille nicht so frei, wie wir es glauben. Ich hatte ja bereits angesprochen, dass der Wille begrenzt ist. Es ist deine Entscheidung, ob du eine Erlebnisreise oder einen Erholungsurlaub planst. Bevor du dich dazu entscheidest, tauchen Gedanken dazu auf. Auch

Gefühle begleiten dich dabei. Sie zeigen dir auf, wo du dich wohler fühlst. Doch wo entstehen diese Gefühle? Im Herzen? Woher kommen die Gedanken? Aus dem Hirn? Wer oder was ermöglicht es, dass Gedanken auftauchen und sich Gefühle zeigen? Es ist nicht deine Entscheidung. Du kannst weder Gefühle erzeugen noch planen, was du denken möchtest. Der Inhalt der Gedanken hat sicher etwas mit den Erinnerungen und Erfahrungen zu tun, die in dir gespeichert sind. Doch woher kommt der Inhalt? Wer ermöglicht das Denken und Fühlen? Halt inne und horche, was deine Intuition dazu sagt.

Wer kennt es nicht, dieses ewige Streben, dieser Drang, ständig etwas verändern zu wollen, etwas tun zu wollen? Dann haben wir auch noch Vorlieben. Wir mögen Dinge und wir mögen Dinge nicht. Das scheint durchaus normal, doch nutzt es was? Ändert es etwas, dafür oder dagegen zu sein?

Wollen oder Nicht-Wollen, geht es darum im Leben? Wenn wir etwas nicht wollen, nimmt die Sache trotzdem ihren Lauf. Wir können es nicht ändern. Wenn wir etwas wollen, verhält es sich gleich. Ob es schlussendlich eintrifft oder nicht, können wir nicht beeinflussen. Wir können einiges dazu beitragen, um den Verlauf anzukurbeln. Doch ist das wirklich von Nutzen? Wir können so viel lernen, wie wir wollen, schlussendlich steht der Ausgang eines Vorhabens trotzdem in den Sternen. Wir können uns voll ins Zeug legen, und doch kann es geschehen, dass es „in die Hosen geht". So benennen wir es nämlich, wenn etwas nicht funktioniert. Es ist aber nicht schiefgelaufen, sondern nur anders gelaufen, als wir es uns vorgestellt haben. Wenn wir ohne Vorstellungen durchs Leben gehen, kann auch nichts mehr schieflaufen oder gut funktionieren, sondern es läuft einfach, wie es läuft. Wenn ein Mensch nun behauptet, dass er versagt hat, lädt er sich enorme Schuldgefühle auf. Dies müsste er gar nicht, wenn er wüsste, dass es nicht seine Schuld ist. Wenn etwas nicht klappen soll, dann klappt es nicht. Was also nicht sein soll, wird nie sein, ganz gleich, was der Mensch dafür tut oder auch nicht tut.

Nun wollen wir um jeden Preis etwas haben oder erreichen. Vielleicht wünschen wir uns, dass der Partner zurückkommt. Vielleicht wünschen wir uns einen neuen Job. Vielleicht wünschen wir uns mehr Geld. Wir wünschen uns aber nie, dass wir gekündigt werden oder arm sind. Wir wünschen uns auch nicht, dass der Partner uns verlässt, sofern wir die Beziehung als harmonisch empfinden.

Wir sehen täglich gebrechliche, behinderte oder kranke Menschen. Nie würden wir uns wünschen, diesen Zustand zu haben. Nie würden wir sagen, dass wir gerne an Krebs erkranken würden, gerne obdachlos wären, in einem Kriegsgebiet wohnen oder gerne einen Überfall erleben würden. Wir bemängeln all das, was wir nicht haben. Wir sehen nur unseren Mangel, wann sehen wir unsere Fülle? Sehen wir es einmal so. Das Leben ist kein Wunschkonzert. Wenn wir alles das, was wir uns täglich wünschen, einmal beiseitelegen und hinschauen, was alles passieren könnte (was wir um keinen Preis wollen), kann uns das schon etwas bescheidener stimmen. Ein wunschloses Leben ist die Erfüllung. Wer keine Wünsche mehr hat, schwimmt mit dem Lebensstrom und steuert nicht mehr dagegen. Er schaut nicht zurück und auch nicht nach vorne, denn er ist im Jetzt. Das Jetzt ist der Fluss. Der Fluss des Lebens lädt dich dazu ein, mit ihm zu fließen. Nimm das Angebot an. Es lohnt sich.

Eines Tages sagte ich zu jemandem, dem es nicht besonders gut ging: *Schließen Sie die Augen und sprechen Sie mir nach: Geliebtes Kraftfeld in mir, gib mir den Willen, nach dem höchsten Willen zu wollen.* Die Frau sagte ganz entsetzt: „Das kann ich nicht sagen".

Wir wollen also doch weiterhin das, was wir wollen. Wir möchten an unserem persönlichen Willen festhalten. Dies dürfen wir tun. Wir dürfen uns allerdings nicht wundern, wenn das Leben weiterhin mühselig erscheint und alles zäh fließt, anstatt freudig zu sprudeln. Unsere Wünsche sind nicht nur egoistisch, sondern völlig sinnlos, da unser Wollen auf das Ergebnis keinerlei Einfluss nimmt.

Einer an Krebs erkrankten Frau riet ich, einige Wochen auf tierische Produkte zu verzichten. Ihre Antwort: Lieber sterbe ich. Was soll ich dazu sagen? Am besten nichts. Der menschliche Wille ist sehr stark ausgeprägt, das Ego eine harte Nuss. Diese zu knacken ist kein leichtes Unterfangen. Aber es ist möglich, davon bin ich überzeugt.

Die soeben erwähnten Personen konnten nur so reagieren. Ihre Reaktion war weder richtig noch falsch, es war ihre Reaktion, die ihrem Bewusstsein entsprach und entsprang. Auch diese Handlungen können wir nicht beeinflussen. Mehr dazu wirst du im nächsten Kapitel erfahren.

Schaf nachgedacht

Nun geht es nicht darum, keine Wünsche haben zu dürfen, sondern zu erkennen, dass Wünsche binden. Wünsche sind Vorstellungen, und jeder Vorstellung kann immer nur Freude (Erfüllung) oder Enttäuschung (Nicht-Erfüllung) folgen. Nun denkst du vielleicht, dass gegen Freude nichts einzuwenden ist. Freude ist durchaus etwas Schönes, dennoch ist es eine gebundene Freude. Wenn Freude von etwas abhängig ist, ist das eine Bindung. Freude sollte einfach da sein, ohne sich auf etwas zu beziehen. Wenn wir an dem, was geschieht, Freude haben, ohne uns etwas vorzustellen oder Zielen hinterherzujagen, dann sind wir frei. Bindungen erzeugen Druck, Schmerz, Leid und Schuld. Und nun sind wir wieder bei der Erkenntnis, die sich durch das ganze Buch zieht. Es ist nicht das Nichterreichte oder Nichteingetroffene, das uns hinunterzieht. Es sind die Wünsche und Vorstellungen, die sich nicht erfüllt haben. Das müssen sie auch nicht. Vertrauen wir dem Leben und darauf, dass alles, was geschieht, absolut in Ordnung ist. Auch wenn wir nicht damit einverstanden sind, wird es so bleiben. Also steigen wir aus dem Bejahen und Verweigern aus und akzeptieren wir das, was ist. Aber nicht, weil wir es akzeptieren müssen, sondern weil wir erkannt haben, dass es so, wie es jetzt ist, nur richtig sein kann. Wäre es sonst nicht anders?

Welche Missverständnisse fallen mir dazu spontan ein?

_____

_____

_____

_____

_____

_____

_____

_____

_____

_____

_____

Meine Einsichten und Erkenntnisse:

_____

_____

_____

_____

_____

_____

_____

_____

_____

_____

_____

_____

Handle so, als ob du einen freien Willen hättest, und versuche immer das Beste zu geben. Das Leben meint es gut mit dir, selbst dann, wenn du vom Gegenteil überzeugt bist. Jeder Schmerz, jeder Kummer, ja, jedes Drama ist ein Geschenk. Man könnte sagen, es ist eine Art Reinigung, eine Tilgung deiner Unzulänglichkeiten. Dies ist aber nicht religiös gemeint. Das Leid ist ein menschlicher Prozess, der als etwas Besonderes gesehen werden kann, wenn man sich nicht im Schmerz verliert und in den mitgelieferten dunklen Gedanken steckenbleibt.

Meine Gedanken dazu:

_____

_____

_____

_____

_____

_____

_____

_____

_____

_____

Missverständnis Nr. 9 betrifft *das Wollen*

Einsicht:
Das Wollen steht für Mangel. Der Wille ist der Antrieb, der uns Dinge tun oder auch nicht tun lässt.

Erkenntnis:
Wenn ich nichts mehr will, will mich das Leben.

Entdecke:
So etwas wie einen freien Willen gibt es nicht. Natürlich können wir Entscheidungen treffen, doch diese stehen bereits fest, bevor sie getroffen werden.

ER-Lösung:
Nichts zu wollen und nichts abzulehnen.

Affirmation/Lebensleitsatz:
Ich bin bereit, dem einen Willen zu folgen. Mein Wille folgt immer dem einen Willen, und ich vertraue darauf, dass es das Leben gut mit mir meint.

Was ich ab sofort anders machen will:

_____

_____

_____

_____

_____

_____

_____

_____

Viel Leid ist in die Welt gekommen

durch Missverständnisse und Dinge,

die nicht gesagt wurden.

Fjodor Michailowitsch Dostojewskij

Druck

10. Ich soll!!!

Ich soll dies. Ich soll das. Vieles muss noch erledigt werden. Eigentlich sollte ich noch … Kennst du das auch? Diese Gedanken erzeugen einen unsichtbaren Druck. Dieses Sollen, das in einem Müssen endet, kann einem ganz schön im Nacken sitzen.

Du solltest doch noch … Diese ermahnenden Worte sind aber nicht nur im eigenen Kopf zu hören, sondern dringen auch von außen in uns ein. Die Eltern, die Lehrer, der Chef, der Partner … ja, den anderen nach sollten wir noch viel. Zu viel? Dem Älteren einen freien Platz im Bus überlassen, uns benehmen, höflich sein und zurückhaltend, natürlich auch verständnisvoll und bloß nicht auffallen. Aber auch die Arbeit ruft uns ständig, oder irgendetwas erinnert uns stets daran, dass noch jede Menge zu tun ist.

Du solltest es doch so machen, wie ich es dir gesagt habe, dann wäre das nicht passiert, ermahnt die Mutter das Kind. Du solltest doch pünktlich sein, tadelt die Freundin den Freund. Du solltest doch aufräumen, wenn du Besuch bekommst, ermahnt der Vater den Sohn. Und wie ist das wirklich? Hätten wir das tun können? Liegt es an uns? Haben wir etwas falsch gemacht?

Ich bin der Überzeugung, dass man es immer nur so machen kann, wie man es gemacht hat. Ich kann es nur machen, wie ich es mache, sonst wäre ich nicht Kurt. Und wie handelt Kurt? Plant er sein Tun? Inwieweit kann er es wirklich bestimmen? Natürlich können wir eine Entscheidung treffen und uns etwas vornehmen, doch wie kommt es dazu? Ist der freie Wille wirklich so frei, wie wir vermuten? Und wieder wären wir beim freien Willen, dessen Freiheit auf sehr wackeligen Beinen steht.

Mit etwas nicht einverstanden sein, das können wir gut. Wir sind mit diesem oder jenem nicht einverstanden und möchten es ändern. Wir wollen es ständig anders haben, vor allem besser. Deswegen sitzt uns auch dieser Druck im Nacken, etwas zu tun. Anstatt uns an der Einfachheit zu erfreuen, sehnen wir uns nach dem Besonderen. Und weil auch wir etwas Besonderes sein wollen, sollen wir uns so oder so verhalten, sollen noch dieses oder das bewerkstelligen und sollen noch einiges dafür tun. Das klingt logisch, aber anstrengend. Dieses unnatürliche Sollen erzeugt Druck. Der Druck macht uns eines Tages krank. Auch wenn er unsichtbar ist und uns anfangs nur im Magen liegt, diese ständige Rastlosigkeit wird eines Tages Spuren hinterlassen.

Warum soll etwas anders sein? Damit wir es besser haben? Damit wir besser ankommen? Der Mensch hat ein enormes Pensum zu leisten. Tag für Tag ist er gefordert. Es geht ums Überleben, es geht darum, zu bestehen und den Winden des Lebens standzuhalten.

Sieh dir dein Leben mal etwas genauer an. Das, was du deiner Meinung nach tun sollst und was noch zu erledigen ist, um den Ansprüchen anderer gerecht zu werden – ist das wirklich so wichtig?

Es gibt diesbezüglich viele Irrtümer, Missverständnisse, die uns täglich mit Druck beladen, der nicht notwendig wäre. Das beginnt bei Kleinigkeiten. Die Mutter erinnert das Kind seit Tagen daran, endlich sein Zimmer aufzuräumen. Natürlich muss das um der Ordnung halber getan werden, doch ist es so wichtig, dass es die Mutter zwanzigmal erzürnt wiederholen muss? Ist es wert, dass die Mutter sich deswegen ärgert, ihre Laune darunter leidet und das Desinteresse des Kindes sie noch wütender macht? Wir können nicht nur von Kindern viel lernen, sondern vor allem vom Leben. Das Leben erteilt uns Lektionen, und zwar ständig. Zum Beispiel über ein Kind, das partout nicht das tut, was man von ihm verlangt. Es stellt sich die Frage, ob es wirklich das Kind oder die Situation ist, was die Mutter nervt, oder ob es nicht um etwas ganz anderes geht.

Natürlich soll die Mutter nochmals nachhaken, wenn das Zimmer noch nicht aufgeräumt ist, aber das kann auch mit Gleichmut geschehen. Emotionen von Stress, Wut, Zorn, Ärger und Unbeholfenheit müssen nicht sein. Die Mutter kann die Situation als Herausforderung, als Aufgabe des Lebens sehen und sie auch völlig gelassen annehmen, als eine Art Prüfung in der Lektion Gleichmut, Geduld und Gelassenheit. Leichter gesagt als getan, wenn sehr viele Dinge auf einen einströmen, die einfach nicht rundlaufen wollen. Aber es ist möglich, wenn man nicht die Schuld in das Kind hineinprojiziert. Es ist nicht schuld daran, dass die Situation so ist, wie sie ist, es kann nur so handeln, wie es handelt. Wenn wir erkennen, dass es eine Herausforderung des Lebens ist und das Kind eigentlich nur als „Gehilfe" in diese Situation involviert ist, kann es ganz gut gelingen. Wir bleiben nur allzu gerne im Gesehenen stecken. Es ist immer der andere schuld. Wenn wir durchschauen, dass es keinen Schuldigen gibt, sondern nur Erfahrungen, die einfach so sind, wie sie sind, können wir dem Ganzen mit Gelassenheit begegnen. Wir können schon mal lauter werden und unserem Unmut freien Lauf lassen, doch sollten wir uns mit dieser Emotion nicht verbinden. Emotionen kommen und gehen, und das dürfen sie auch. Wenn wir uns nicht mit ihnen identifizieren und sie einfach als etwas sehen, was kommt und geht, ändert sich vieles. Es spielt auch keine Rolle, wenn du so richtig laut schreist. Wenn du dich in der Situation nicht verlierst, dich mit dem Schreienden nicht identifizierst, ist alles in Ordnung. Die Unordnung entsteht erst, wenn du glaubst, dass Verhalten, Gedanken und Emotionen dir gehören, ja, dass du diese bist. Sieh sie als etwas von dir Getrenntes an. Sie gehen wieder, genauso wie sie plötzlich über dich hergefallen sind, und sind nicht von Bestand. Warum sollten wir uns von Unbeständigem beeindrucken und traktieren lassen. Es wäre besser, nach dem Beständigen Ausschau zu halten. Dazu sind wir hier.

Das Leben ist nicht so schlimm, wie es scheint. Wie viele Menschen wären froh, wenn sie mit deinem Leben tauschen könnten. Ist dir das bewusst?

Schaf nachgedacht

Das „Ich soll"-Denken ist sehr eng mit dem Gefühl der Schuld verwandt. Man könnte sagen, sie sind Partner. Schuldgefühle entstehen, wenn man sich einbildet, der Handelnde zu sein, der über einen freien Willen verfügt und in der Lage ist, beliebige Entscheidungen zu treffen. Natürlich triffst du Entscheidungen, doch wie kommt es dazu? Was geschieht, bevor du eine Entscheidung triffst? Hast du wirklich die Wahl, oder kannst du nur die Entscheidung treffen, die bereits vorgegeben ist? Vorwürfe macht man sich, wenn man davon überzeugt ist, anders handeln zu können. Schuldzuweisungen basieren auf der Einbildung, dass da jemand ist, der etwas getan hat. Natürlich hat er es getan, doch was hat ihn dazu bewogen? Konnte er anders handeln? Hätten wir oder der andere nicht anders gehandelt, wenn es möglich gewesen wäre?

Das Leben scheint eine Einbildung zu sein, ein Missverständnis halt. Ein Missverständnis, in dem sich unzählige Missverständnisse tummeln. Diese gilt es zu entlarven. Und wie macht man das? Indem man nicht in den Sinneswahrnehmungen steckenbleibt.

Jeder Mensch hat seine Prägungen. Das Leben hat ihn zurechtgeschliffen. Er hat Gewohnheiten übernommen und sich die eine oder andere Verhaltensweise zugelegt. Doch hinter all diesen Dingen steckt eine Kraft, die man den einen, universellen Willen nennt. Kann ohne diese Kraft überhaupt irgendetwas geschehen? Was wäre, wenn wir eines Tages erkennen, dass der freie Wille dem universellen untergeordnet ist? Wenn dieser höchste Wille eine Art Gleis darstellt und unser Wille ein Wagen ist, der auf diesem Gleis fährt?

Nimm dieses Bild ins Bewusstsein auf und lass es auf dich wirken. Wie fühlt es sich an? Was macht es mit dir? Was denkst du?

Was fällt mir dazu ein?

_____
_____
_____
_____
_____
_____
_____
_____

Meine Einsichten und Erkenntnisse:

_____
_____
_____
_____
_____
_____
_____

Wenn es dir nicht gutgeht, denk an Menschen, denen es noch schlechter geht als dir. Möchtest du in ihre Rolle schlüpfen? Nein?! Du siehst, du kannst mit deinem Leben mehr als zufrieden sein.

Meine Gedanken dazu:

_____

_____

_____

_____

_____

_____

_____

_____

Missverständnis Nr. 10 betrifft *das Sollen*

Einsicht:
Das Sollen erzeugt einen unnatürlichen Druck, den ich mir selbst auferlege.

Erkenntnis:
Ich muss niemandem entsprechen außer mir selbst.

Entdecke:
Sollen entsteht nicht durch jemanden, sondern in meinen Gedanken.

ER-Lösung:
Die Intuition zeigt mir meine Aufgaben und meinen Weg.
Ich tue das, was sich aus der Situation heraus ergibt, und nicht das, was ich zu denken glaube.

Affirmation/Lebensleitsatz:
Ich lebe aus dem Herzen heraus und folge meiner Intuition.
Frei von jeglichem Druck und Sollen erledige ich das, was getan werden will.
Ich entledige mich jeglicher Schuld. Nichts ist wichtiger als das, was im Augenblick ist.
Diesen Satz lebe ich.

Was ich ab sofort anders machen will:

_____

_____

_____

_____

_____

_____

_____

Wer redet, darf sich nicht wundern,

wenn er missverstanden wird.

Wer nicht redet, auch.

UNBEKANNT

Standpunkt

11. Meinungen

Das ganze Leben wird von dem bestimmt, was wir befürworten oder ablehnen. Dieses Dafür- oder Dagegensein könnte um eine Position erweitert werden, nämlich um ein Sowohl-als-auch. Wer sich in diese Position begibt, fällt in einen neutralen, geschützten Raum. In dem muss er keine Stellung einnehmen, sondern kann das eine und das andere getrost so akzeptieren, wie es nun mal ist. Eine Meinung zu vertreten ist eigentlich anstrengend, und doch tun wir es den ganzen Tag. Natürlich ist es nicht schlecht, eine Meinung zu haben, doch oft glaubt man, dass nur die eigene Meinung richtig ist. Das glauben alle anderen auch. Eine Meinung ist etwas sehr Wertvolles. Sie ist das, was uns ausmacht, doch sollten wir bedenken, dass sie nichts mit der Sache selbst zu tun hat. Sie zeigt auf, wie wir über etwas denken. Eine Meinung sagt sehr viel über den Menschen aus, der sie hat, aber nichts über das, worüber er sich äußert. Diesen Satz sollten wir uns gut merken. Der berühmte Meinungsaustausch ist etwas ganz anderes als das, wofür er gehalten wird.

Es treffen sich Menschen und glauben, sie reden über „etwas". Sie reden aber nur über ihre Gedanken und Wahrnehmungen. Dessen ist sich der Sprecher aber oft nicht bewusst. Er glaubt fest daran, dass er über etwas spricht. Ja, er spricht auch über etwas, aber nur über sich selbst. Der Betroffene bleibt davon unberührt, da er ja nicht seine Gedanken sein kann. Über diese Aussage solltest du meditieren. Lass es einfach auf dich wirken und schau in dich hinein, was dein Inneres dazu sagt.

_____

_____

_____

_____

_____

_____

_____

_____

_____

Eine Meinung ist ein Standpunkt mit dem Radius null und sagt null Prozent über das Beobachtete, aber 100 Prozent über den Beobachter selbst aus. Diesen Leitsatz führe ich immer wieder an. Viele von meinen Lesern kennen ihn schon.

Wir setzen Wörter gezielt ein, doch oft sind es Selbstläufer. Viel zu oft sprechen wir unüberlegt. Die Zunge ist schneller als das Gehirn. Achtsamkeit Fehlanzeige. Wir plappern nach, was wir gelesen oder gehört haben. Wir geben Ratschläge, obwohl uns Erfahrungswerte fehlen. Nehmen wir an, wir haben mehrmals gelesen, dass eine bestimmte Methode gut gegen Erkältung sein soll. Treffen wir jemanden, der sich verkühlt hat, empfehlen wir ihm vielleicht voller Begeisterung gleich diese Methode weiter. Wie können wir das? Wir haben sie nicht ausprobiert, wie können wir eine Meinung dazu haben, geschweige denn sie weiterempfehlen?

Mit Wörtern können wir Menschen erfreuen oder verletzen. Wir können sie um uns werfen oder sie zum Beispiel nicht aussprechen, was man dann Schweigen nennt. Wer unbedacht kommuniziert, kann schon mal in Bedrängnis kommen. Wörter lassen sich nicht zurücknehmen, wenn sie erst mal unseren Mund verlassen haben. Sie hinterlassen Spuren, nicht nur bei dem, der sie hört. Auch wenn sie ungehört bleiben, wird ihre Schwingung Wirkungen erzeugen. Jedes Wort ist ein Ursachensetzer und erzeugt Missverständnisse. Auch wenn uns jemand versteht und derselben Meinung scheint, kann seine Sicht niemals mit der unseren identisch sein. Er hat andere Erfahrungen, Assoziationen und Gedankengänge. Somit gehört eine Meinung immer nur zu einem Menschen und nicht zu vielen, auch wenn uns das anders erscheint.

Wörter, die zu uns dringen, erzeugen ebenfalls Missverständnisse. Sofort entstehen Interpretationen, das Gehirn vergleicht, erinnert und sortiert. Und vor allem tut es eines: reagieren. Immer und überall. Aber wir müssen über das Gehörte nicht immer nachdenken und schon gar nicht eine schnelle Antwort geben. Wir sind es gewohnt, wie aus der

Pistole geschossen zu antworten. Es ist ungewöhnlich, wenn jemand nach zehn Sekunden immer noch nicht antwortet. Dauert es noch länger, fragen wir nach, ob uns derjenige nicht verstanden hat. Verstehen kann uns ohnehin nie jemand, doch wäre es nicht sinnvoller, Worte erst mal in uns wirken zu lassen, bevor wir argumentieren oder eine Meinung äußern? Wir können Worte im Raum stehen lassen, ohne darauf einzusteigen. Oft rechtfertigen wir uns sogar. Das ist eine Art zu kommunizieren, die Unsicherheit verrät. Wer Selbstbestätigung sucht und Minderwertigkeitsgefühle hat, neigt ab und an zu belanglosem Redeschwall. Während eines gemeinsamen Essens ist es für einige Menschen fast unerträglich, wenn nichts gesprochen wird. Es ist interessant zu beobachten, dass viele Menschen unsicher werden, wenn es still wird. Sie fühlen sich nicht wohl in ihrer Haut. Sie sind die Stille nicht gewohnt. Sie spüren ständig den Drang zu erzählen und fühlen sich wohl, solange nur irgendetwas gesprochen wird. Der Inhalt wird zur Nebensache. Gerade dann wird Achtsamkeit zum Fremdwort. Durch das Urteilen, Verurteilen und Bewerten lenkt man von sich selbst ab. Diese Taktik scheint zu funktionieren. Alle Menschen haben Fehler. Warum also sprechen wir nie über die eigenen?

Gespräche sind etwas Fruchtbares und Nahrhaftes, wenn die Beteiligten bei sich bleiben und frei von Verurteilungen kommunizieren. Sich der Stimme zu enthalten wird oft als etwas Eigenartiges angesehen, obwohl es manchmal wohl das Beste wäre. Umweltverschmutzung beginnt im

Kopf, geht über den Mund und endet in Handlungen. Jeder Mensch soll seine Meinung haben. Doch andere Meinungen gelten weder mehr noch weniger als die eigene.

Wir sprechen unentwegt, und das zu viel und zu umfangreich. Wenn wir alle Aussagen eines Tages festhalten könnten, um sie schlussendlich nach wertvollen, wichtigen und überflüssigen zu sortieren, würde die Liste der Letzteren wahrscheinlich sehr lang sein. Eine bewusste Wortwahl hinterlässt keine Spuren. Worte sind ein wunderbares Werkzeug, doch warum versuchen sie ständig so penetrant nach außen zu dringen?

Jeder hat was zu sagen, aber keiner will sich etwas sagen lassen. Unser Ego will sich behaupten. Es will gehört werden. Es will dazugehören. Es will das Sagen haben. Es will, es will, es will. Es will vieles, vor allem reden und Recht behalten. Wo gehobelt wird, fallen Späne, wo gesprochen wird, werden Missverständnisse geboren. Jeder Mensch hat zu jedem Wort einen anderen Bezug. Alles hat eine andere Bedeutung, nichts ist für alle gleich. Was für den einen eine Beleidigung sein kann, löst im anderen nur ein Schulterzucken aus. Was für jemanden ein Kompliment ist, kommt beim anderen erst gar nicht an. Wörter sind mit unterschiedlichen Erinnerungen verknüpft. Machen wir uns bewusst, dass es völlig okay ist, eine Meinung zu haben, aber sie mitzuteilen ist in den meisten Fällen überflüssig.

Beziehe keine Meinung auf dich. Die Meinung der anderen spiegelt nur deren Sicht. Sie hat mit dir nichts zu tun!

Schaf nachgedacht:

Bevor du das nächste Mal deinen Senf dazugibst, halte kurz inne und schluck ihn runter. Versuche einmal nichts zu sagen, dich nicht zu äußern, dich nicht einzumischen. Du wirst sehen, wie befreiend das sein kann. Danach bemerkst du, dass deine Aussage völlig unnötig gewesen wäre.

Beispiele:
A im Gespräch mit dir: „Ich liebe Schweinebraten."
„Ich finde ihn eklig", liegt dir auf der Zunge. Aber warum antworten? Erstens wird das Schwein dadurch auch nicht mehr lebendig, und zum Zweiten: Wen interessiert deine Aussage? A sicher nicht. Also den Satz einfach zurückfließen lassen.

A: „Ich habe Ginsengkapseln entdeckt. Seit ich die nehme, geht es mir besser."
„Die habe ich schon vor zehn Jahren genommen", willst du sagen. Aber du kannst auch schweigen. Lass A die Freude über seine Entdeckung. Willst du sie mit einem einzigen Satz zerstören? Schenke Freude, indem du nichts sagst.

Schließe kurz die Augen und lass das nachklingen.

Nachdem du die Augen wieder geöffnet hast, kannst du deine Gedanken niederschreiben.

Was fällt mir dazu ein?

_____

_____

_____

_____

_____

_____

_____

_____

_____

_____

Meine Einsichten und Erkenntnisse:

_____

_____

_____

_____

_____

_____

_____

_____

_____

Meine Meinung ist Teil meines Soseins. Sie ist Ausdruck meiner Gesinnung. Dies trifft für jeden Menschen zu. Jede Meinung hat absolut denselben Stellenwert. Wenn zwei Meinungen aufeinanderprallen, hat jeder Recht. Jeder hat aus seiner persönlichen Sicht Recht. Jeder kann die Dinge nur so sehen, wie er sie sieht. Aus unpersönlicher Sicht jedoch hat es so etwas wie Recht und Unrecht niemals gegeben. Eine Meinung ist eine Interpretation. Es sind Gedanken, die sich der Mensch über etwas macht. Was hat das mit der Sache zu tun?

Meine Gedanken dazu:

_____

_____

_____

_____

_____

_____

_____

_____

Missverständnis Nr. 11 betrifft *die Meinungen*

Einsicht:
Eine Meinung ist stets individuell.

Erkenntnis:
Eine Meinung ist eine Aussage mit dem Radius null. Sie sagt null Prozent über das Beobachtete, aber hundert Prozent über den Beobachter selbst aus.

Entdecke:
Zwischen Meinungen gibt es eine heilsame Lücke, in der es keine Wirkungen gibt.

ER-Lösung:
Meinungen, an die man sich nicht bindet, sind Freiheit pur. Meinungen, die man persönlich durchsetzen will, bilden ein Gefängnis. Sie sind Gift für die Seele.

Affirmation/Lebensleitsatz:
Meine Meinungen sind absolut unwichtig. Ich stehe dazu, doch lasse ich auch andere Meinungen gelten. Jede Meinung hat denselben Stellenwert. Ich bin dankbar für alles, was in mein Leben tritt, und sehe in allem eine Botschaft.
Eine Meinung ist nicht dazu da, um persönlich genommen zu werden.
Es gibt keinen Grund, mich durch Meinungen anderer schlechter oder besser zu fühlen.
Ich kann eine Meinung aufnehmen oder an mir abprallen lassen. Im Letzteren liegt Frieden.

Was ich ab sofort anders machen will:

Wer Stellung bezieht, verstrickt sich automatisch
in ein Missverständnis,
ob er will oder nicht.

UNBEKANNT

126

Glaube

12. Glaube und Beten

Beten ist etwas für die anderen. So dachte ich früher. Dass das Gebet nicht nur etwas für Christen und Kirchgänger ist, ist mir heute bewusst. Ich wurde nämlich eines Besseren belehrt. Vielen stößt dieses Wort auf, sie fühlen sich missioniert, wenn das Gebet angesprochen wird. Jeder versteht darunter etwas anderes, so wie das Wort Gott jedem eine andere Gefühlsregung entlockt. Viele Menschen glauben nicht an Gott. Das heißt, dass es auch für sie einen Gott geben muss, auch wenn sie nicht an ihn glauben. Wenn ich sage, dass ich keinen Apfelkuchen mag, dann bin ich mir zumindest bewusst, dass es einen gibt. Sonst könnte ich ihn ja nicht ablchnen. So sind all die Atheisten nicht wirklich diejenigen, wofür sie gehalten werden.

Der Glaube schenkt vielen Menschen Halt. Ganz gleich, woran wir glauben, Hauptsache, es kann uns Zuversicht geben. Jeder Mensch braucht einen Halt, eine Stütze. Somit kann alles, was uns stärkt, immer nur gut sein. Es gibt so viele Stützen, wie es Menschen gibt, und für jeden kann, was ihn stützt, immer nur das Richtige sein. Auch wenn es ein anderer als falsch bezeichnet: Es gibt nichts Falsches, außer der Bezeichnung ‚falsch‘.

Viele Menschen werden sich erinnern, dass man früher gebetet hat, wenn es einem schlecht ging. Man betete zu Gott. Man sprach mit ihm, auch wenn man gar nicht wusste, wohin man sprach. Man tat es halt, in der Hoffnung, dass der Kummer ein wenig gelindert werden würde. Wenn es uns gutgeht, tun wir das nicht. Wir vergessen es. Das Vergessen scheint etwas zu sein, was jeden Menschen betrifft. Wir haben uns vergessen. Wir haben uns verloren.

Wir sind vom Weg abgekommen. Auch wenn wir noch gehen, so haben wir uns am Wegesrand verloren. Dort gibt es so viel zu sehen, was uns in den Bann zieht. Materielle Güter und Menschen versprühen ihre Lockstoffe, die unsere Sinne vernebeln und uns Klarheit und Achtsamkeit stehlen. So verlaufen wir uns, jede Seitenstraße wird zur Attraktion, deren Charme wir verfallen – dabei vergessen wir, dass es einen Hauptweg gibt, den wir eigentlich gehen sollten. Um diesen Weg zu gehen, sind wir hier. Er mag vielleicht nicht so einladend, interessant und unterhaltsam sein, aber es ist DER Weg. Solange sich der Schmerz in Grenzen hält, halten wir am Irrglauben fest, dass das Glück in den Seitenwegen liegt. Dort suchen wir danach. Umzukehren kommt uns erst dann in den Sinn, wenn es so richtig unangenehm wird. Dann rufen wir um Hilfe, wenn der Hut brennt. Warum eigentlich?

Warum ignorieren wir den Weg? Warum vernachlässigen wir das Gebet in den Tagen, an denen wir uns wohlfühlen? Haben wir dann diesen innigen Kontakt nicht notwendig?

Und wohin beten wir eigentlich? Zu jemandem, der im Himmel wohnt oder den wir auf einen Podest gestellt haben? Es scheint für viele so zu sein, aber das wahre Gebet richtet sich nach innen. Weil genau dort das wohnt, was wir suchen, das, was uns vom Irrtum befreien könnte. Wenn wir tief genug graben, was so viel bedeutet wie unbeirrt den ursprünglichen Weg weiterzugehen, werden wir vom Leben belohnt. Ja, der Weg ist manchmal trist und unwegsam, aber das ändert nichts daran, dass jede Ablenkung, jeder Widerstand und jede Ignoranz nichts weiter als eine Verzögerung ist.

Jede Verzögerung ist nur eine Verschiebung dessen, was uns noch bevorsteht, was wir noch zu erledigen haben. Das Gebet ist ein Selbstgespräch. Es hilft uns dabei, geduldig zu werden und auszuhalten, auch wenn der Weg steinig und voller Hürden ist.

Wenn du betest, bist du nicht der Untertänige, der zu jemandem hochsieht und um Hilfe bittet. Du sprichst zu dir selbst! In der Stille spricht dein Herz mit jemand Gleichgesinntem, der einen göttlichen Kraft, die es *in dir* zu entdecken gilt. Du kennst diese Kraft nicht. Du kannst sie nicht kennenlernen. Aber sie kennt dich. Sie weiß, wer du bist, weil sie weiß, wo sie wohnt.

Gebete, die nicht als Dialog, sondern als Selbstgespräch geführt werden, entzünden in dir eine Flamme, die nie mehr erlöschen wird.

Schaf nachgedacht

A: Was passiert eigentlich beim Beten?
B: Nichts.
A: Warum betest du dann!
B: Genau deshalb.

Wenn Stille einkehrt und nichts geschieht, kann alles in Erscheinung treten. Der Raum der Stille ist nicht die Stille, die wir bisher kannten. Das, was wir unter Stille verstehen, ist nicht die eine Stille. Stille bedeutet nicht die Abwesenheit von Lärm, sie ist die Grundlage, aus der alles hervorgeht. Sie ist dein eigentliches Sein.

Ist es wirklich so schlimm, wenn nichts passiert? Müssen wir uns immer mit etwas beschäftigen? Sich einfach mal hinzusetzen, die Augen zu schließen und der Natur zu lauschen ist Balsam für die Seele. Probiere es nicht nur aus, sondern tu es jeden Tag, mindestens einmal. Was du dann alles wahrnimmst, obwohl du nicht in Bewegung bist, wird dich verblüffen. Ich staune jeden Tag aufs Neue und erkenne in der Stille ein Gebet, das einzigartig ist.

Welche Missverständnisse fallen mir dazu spontan ein?

_____

_____

_____

_____

_____

_____

_____

_____

_____

_____

_____

_____

Meine Einsichten und Erkenntnisse:

_____

_____

_____

_____

_____

_____

_____

_____

_____

_____

_____

_____

Ein Gebet ist nichts Strukturiertes. Es ist wie eine leere Seite, auf die du jederzeit etwas schreiben kannst. Ein Gebet hat Kräfte, weil es nach innen gerichtet ist. Alles, was nach innen geht, bewirkt etwas. Das Außen ist der Spiegel des Inneren, somit ist das Gebet eine Art Ursache, die eine Wirkung nach sich zieht. Dies ist kein Wunder, sondern ein natürlicher Vorgang. Dieser Vorgang beruht auf dem Glauben. Der Glaube ist etwas, was uns Halt gibt, uns nicht untergehen lässt. Der Glaube kann sich auf eine Religion beziehen, hat aber nicht direkt mit ihr etwas zu tun. Es gibt nur eine Religion, und das ist die Religion der Liebe. Alles andere sind Interessengemeinschaften, die ein gemeinsames Ziel verfolgen. Das Herz verfolgt kein Ziel, es ist angekommen.

Meine Gedanken dazu:

_____
_____
_____
_____
_____
_____
_____
_____
_____
_____
_____
_____
_____

Missverständnis Nr. 12 betrifft
das Beten und den Glauben

Einsicht:
Beten stärkt mich, weil es sich nach innen richtet.

Erkenntnis:
Der Glaube schenkt Hoffnung. Hoffnung hält uns am
Leben. Wenn das innere
Wissen hervorbricht, nimmt es die Hoffnung, weil die
Suche beendet ist.

Entdecke:
Im Gebet findest du Ruhe und Geborgenheit.

ER-Lösung:
Das Gebet ist ein Boot, das zur Quelle führt.

Affirmation/Lebensleitsatz:
Mein Gebet ist der Tag. Mein Gebet ist die Natur. Mein
Gebet lebt in mir. Ich lausche der Stimme und folge
dem, was mich steuert und lenkt.

Was ich ab sofort anders machen will:

_____

_____

_____

_____

_____

_____

_____

_____

Jedes Missverständnis zeigt uns, dass wir Menschen sind. Es
vergeht kein Tag ohne Missverständnis, und sogar der Tag
selbst kann nichts anderes sein.

UNBEKANNT

Tiefer gesehen

Impulse zum Hintersinnen und Meditieren

Wir haben festgestellt, dass das Leben ein einziges Missverständnis ist. Dies beruht darauf, dass wir aus Interpretationen schöpfen und das Unwirkliche für wirklich halten. Wir bilden uns eine Meinung und stülpen sie jemandem über. Wir verstehen ihn falsch, erleben ihn anders, als er ist. Wir erleben ihn so, wie wir ihn sehen bzw. sehen wollen. Wir könnten jetzt noch einen Schritt weitergehen, noch tiefer eintauchen in das Leben. Wenn wir Menschen beurteilen, über Politiker lästern, uns über das Weltgeschehen auslassen oder uns über die Umweltverschmutzung ärgern, haben wir Unrecht, weil wir kaum Informationen haben, warum die Dinge so sind, wie sie sind. Noch einen Schritt zurück. Sind die Dinge wirklich? Existieren sie?

Wir haben alle schon gehört oder gelesen, dass im Bewusstseinsfeld Leben erscheint und das Leben mitsamt seinen Inhalten eine Projektion ist. Nun, wenn wir selbst wie das Gesehene eine Projektion sein sollen, wie verhält es sich damit, dass eine Projektion über die andere etwas denkt, wo eine Projektion doch nur hohl sein kann. Können Projektionen denken? Aus dieser Sicht müsste der Verstand etwas sein, was zwar da ist, uns aber nicht gehört. Das Ich steht in Bezug zu sich selbst und glaubt real zu sein. Wenn es sich zwickt, tut das weh. Reicht dieser Beweis aus, um eine Existenz anzuerkennen?

Wenn unsere Wahrnehmung als solche eine Projektion ist, müssen wir alles in Frage stellen. Es geht nicht darum, die Dinge zu analysieren, sondern an ihnen zu rütteln. Wer in den Tag hineinlebt und so tut, als wäre alles okay, der verpasst etwas Grundlegendes. Und zwar den spannenden Erlebnisweg der Innenreise, wo es so viel zu entdecken und zu entfalten gibt. Wir haben unendlich viele Fähigkeiten. Auch du! Ab wann möchtest du Gebrauch davon machen?

Redet ein Deutscher von Amerika, meint er die USA.
Redet ein Nordamerikaner von Germany, meint er Bayern.

MARTIN GERHARD REISENBERG

Hat dieses Buch seinen Zweck erfüllt?

Das Wissen um die Missverständnisse kann uns einiges ersparen, wie zum Beispiel:

Gerne wiederhole ich hier noch einmal den Kerngedanken des Buches:

Wenn man weiß, dass es gar keine Missverständnisse gibt, sondern wir es sind, die die Dinge missverstehen, bleibt der Frust aus. Wenn Missverständnisse erst gar nicht mehr aufkommen, können wir entspannt in den Tag gehen und jede Situation vollauf genießen.

Das Buch immer wieder zur Hand zu nehmen und dieses innere Wissen aufzufrischen, empfiehlt sich für den, der Missverständnisse endgültig aufdecken will. Es geht nicht darum, „da draußen" im Leben etwas zu entdecken, sondern seine eigenen Fehlsichten und Interpretationen aufzudecken. Wer erfolgreiche Ergebnisse erzielen will, ist dazu aufgerufen, am Ball zu bleiben und nicht in Spekulationen und Hirngespinsten steckenzubleiben. Wir haben uns unzählige Annahmen und Meinungen angeeignet. Darauf haben sich unzählige weitere aufgebaut. Eine einzelne Fehlinterpretation zieht wiederum hunderte Fehlsichten nach sich und verstärkt unsere Annahmen, die wir unbedingt in Frage stellen sollten. Sich dieser alten vorgefassten und in uns eingebrannten Anschauungen zu entledigen, verlangt Verantwortung, eine große Portion Mut und viel Geduld. Jeder Standpunkt beruht auf Missverständnissen, weil jeder Standpunkt auf eine Erfahrung aufgebaut ist, die wir individuell erlebt haben. Da wir nie ohne Meinung ins Feld gehen, sind Missverständnisse vorprogrammiert. Erst ein neutrales Wahrnehmen der Dinge ohne eine Bewertung oder ein Urteil wird uns eine neutrale Annäherung an eine Sache ermöglichen. Dies bedeutet aber nicht, dass Missverständnisse ausbleiben, denn jeder Gedanke, der auf eine Erinnerung zurückgreift, packt die Situation in ein Kleid, das sie zuvor nicht anhatte. Es bedarf einer stetigen Achtsamkeit. Die eigenen Gefühle und Gedanken sorgfältig zu beobachten und abzuwägen ist eine Voraussetzung, wenn wir Irrtümer ausschließen wollen. Da das Leben selbst auf einem Irrtum beruht, liegt es nahe, tagtäglich mit solchen konfrontiert zu werden. Suche den Fehler nicht bei anderen oder in Situationen, sondern schaue stets auf dich. Dies zeugt von Größe und menschlicher Stärke. Wer die Schuld ständig auf andere oder anderes schiebt, ist schwach. Gehöre zu den Starken und setze ein Zeichen, ein Zeichen für eine friedvolle Welt, in der Klarheit herrscht und das Verständnis für die Mitgeschöpfe überwiegt.

Welche Missverständnisse fallen mir dazu spontan ein?

_____

_____

_____

_____

_____

_____

_____

_____

_____

_____

_____

_____

_____

_____

Meine Einsichten und Erkenntnisse:

_____

_____

_____

_____

_____

_____

_____

_____

_____

_____

_____

Jeder Satz, gesprochen oder geschrieben, trägt in sich
das Potential des Missverständnisses.

IRMGARD NÄGELE

Im Buchhandel und Internet finden Sie stets brandaktuelle Themen, sowie zeitlose Wissensschätze von *Kurt Tepperwein!*

Folgende Bücher und E-Books können Sie direkt über den BoD-Verlag (www.bod.de/www.bod.ch) detailliert einsehen, bevor Sie sich für Ihr Wunschthema entscheiden:

- Ab heute bin ich frei!
- Bäume ausreißen! – Trainingsheft für mehr Motivation
- Berufskrise ade! – Frei sein von Arbeitssucht, Stress, Burnout, Mobbing, Innerer Kündigung und Arbeitslosigkeit Bewusstseinssprung in eine neue Dimension
- Blinddate mit Magen und Darm
- Bring Farbe in dein Leben mit Dankbarkeit
- Bring Farbe in dein Leben mit einem einfachen Lächeln
- Bring Farbe in dein Leben mit Heiterkeit
- Bring Farbe in dein Leben mit Herzensfülle
- Bring Farbe in dein Leben mit Hingabe pur
- Bring Farbe in dein Leben mit Liebesweisheit
- Bring Farbe in dein Leben mit Seelenkraft
- Bring Farbe in dein Leben mit Stille in dir
- Bring Farbe in dein Leben mit Wertschätzung
- Bring Farbe in dein Leben mit Zeitlosigkeit
- Das Buch der Erfolgsgesetze
- Die hohe Schule des Lebens
- Die Kunst mühelosen Lernens
- Die Praxis der geistigen Gesetze
- Die Renaissance der Frauenpower – 7 Schritte zur Liebesfähigkeit
- Du bist wie du bist!
- Ein Leben ohne Ängste und Sorgen? – Trainingsheft für mehr Lebensqualität
- Einfach nur schön
- Endlich wieder FIT! – Trainingsheft zur Gesunderhaltung
- Erwachen zum wahren Sein
- Folge deinem Leitstern
- Frau sein – ganz sein, Mentaltraining für eine neue Weiblichkeit
- Geistheilung durch sich selbst
- Gelassenheit
- Gelebte Achtsamkeit

- Gestalte dein Leben einfach neu! – Energetischer Impulsgeber zum Thema Alltagsführung
- Gesund für immer
- Glaube an Dich!
- Glücks-Gesetze
- GoldenWay Edition: Das Leben als Einweihungsweg
- GoldenWay Edition: Ihr Zauberstab Gedankenkraft
- Hilf dir selbst. Sei du selbst. Gesunde!
- Kausal-Training
- Leben im Überfluss, Die Zukunft selbst bestimmen
- Leben in der Gegenwart der Engel
- Liebst du mich auch? Energetischer Impulsgeber zum Thema Partnerschaft
- Nie mehr ärgern, bewusster leben
- Nie oder Jetzt! Aufbruch zur wahren Identität
- Out-Burn, Burn-out umkehren. Der Ausweg aus der Erschöpfungsfalle.
- Perlen der Weisheit
- Probleme adieu! Trainingsheft zur Konfliktbesänftigung
- Schreib Dein Leben um
- Selbstbewusst durchs Leben! – Energetischer Impulsgeber zum Selbstwert und Sicherheit
- Sinnfindung leicht gemacht! – Energetischer Impulsgeber zum Thema Bewusstwerdung
- Tepperwein Magazin der neuen Generation
- Tepperwein Magazin der neuen Generation 2
- Tepperwein Magazin: Wünsche & Träume mit Mental-Training verwirklichen
- Verwirklichung
- Von der Angst zur Lebensfreude
- Wahre Freundschaft: Tierisch echt!
- Was wünscht du dir vom Leben?
- WEIH-NACHTEN
- Willkommen in der Leichtigkeit
- Willst du erfolgreich sein? – Leitfaden zu Reichtum und Erfolg
- Wunder vollbringen durch schöpferische Imagination
- Zeit halt, stehengeblieben! – Trainingsheft für ein gutes Zeitmanagement